# 박문각 행정사

1차

브랜드만족
**1위**
박문각

근거자료
후면표기

**20
25**

5년 최다
**전체
수석**
합격자 배출

예영상 강의 www.pmg.co.kr

# 조민기
# 민법총칙

박문각 행정사연구소 편_조민기

# 핵심요약집

박문각

# 행정사 시험 정보

1. **자격 분류:** 국가 전문 자격증
2. **시험 기관 소관부처:** 행정안전부
3. **실시 기관:** 한국산업인력공단
4. **시험 일정:** 매년 1차, 2차 실시

| 구분 | 원서 접수 | 시험 일정 | 합격자 발표 |
|------|-----------|-----------|-------------|
| 1차 | 2025년 4월 14일~4월 18일 | 2025년 5월 31일 | 2025년 7월 2일 |
| 2차 | 2025년 7월 28일~8월 1일 | 2025년 9월 27일 | 2025년 12월 10일 |

〈2025년 제13회 행정사 시험 기준〉

5. **응시자격:** 제한 없음. 다만, 행정사법 제5·6조의 결격사유가 있는 자와 행정사법 시행령 제 19조에 따라 부정행위자로 처리되어, 그 처분이 있는 날부터 5년이 지나지 않은 자는 시험 에 응시할 수 없다.

6. **시험 면제대상**
   - 1차 시험에 합격한 사람에 대하여는 다음 회의 시험에서만 1차 시험을 면제한다(단, 경 력서류 제출로 1차 시험이 면제된 자는 행정사법이 개정되지 않는 한 계속 면제).
   - 행정사 자격이 있는 사람으로서 다른 종류의 행정사 자격시험에 응시하는 사람은 1차 시험을 면제한다.
   - 행정사법 제9조 및 동법 부칙 제3조에 따라, 공무원으로 재직하였거나 외국어 전공 학 위를 받고 외국어 번역 업무에 종사한 경력이 있는 사람 등은 행정사 자격시험의 전부 또는 일부가 면제된다(1차 시험 면제, 1차 시험 전부와 2차 시험 일부 면제, 1·2차 시 험 전부 면제).

7. **시험 과목 및 시간**
   - **● 1차 시험(공통)**

| 교시 | 입실 시간 | 시험 시간 | 시험 과목 | 문항 수 | 시험 방법 |
|------|-----------|-----------|-----------|---------|-----------|
| 1교시 | 09:00 | 09:30~10:45 (75분) | ① 민법(총칙)<br>② 행정법<br>③ 행정학개론(지방자치행정 포함) | 과목당 25문항 | 5지택일 |

● **2차 시험**

| 교시 | 입실시간 | 시험 시간 | 시험 과목 | 문항 수 | 시험 방법 |
|---|---|---|---|---|---|
| 1교시 | 09:00 | 09:30~11:10 (100분) | **[공통]**<br>① 민법(계약)<br>② 행정절차론(행정절차법 포함) | 과목당 4문항 (논술 1문제, 약술 3문제) | 논술형 및 약술형 혼합 |
| 2교시 | 11:30 | • 일반·해사행정사 11:40~13:20 (100분)<br><br>• 외국어번역행정사 11:40~12:30 (50분) | **[공통]**<br>③ 사무관리론<br>(민원 처리에 관한 법률, 행정업무의 운영 및 혁신에 관한 규정 포함)<br>**[일반행정사]**<br>④ 행정사실무법<br>(행정심판사례, 비송사건절차법)<br>**[해사행정사]**<br>④ 해사실무법<br>(선박안전법, 해운법, 해사안전기본법, 해사교통안전법, 해양사고의 조사 및 심판에 관한 법률)<br>**[외국어번역행정사]**<br>④ 해당 외국어(외국어능력검정시험으로 대체하며 영어, 중국어, 일본어, 프랑스어, 독일어, 스페인어, 러시아어의 7개 언어에 한함) | | |

## 8. 합격 기준

- 과목당 100점을 만점으로 하여 모든 과목의 점수가 40점 이상이고, 전 과목의 평균 점수가 60점 이상인 사람(2차 시험의 '해당 외국어' 시험 제외)
- 단, 제2차 시험 합격자가 최소선발인원보다 적은 경우, 최소선발인원이 될 때까지 전 과목의 점수가 40점 이상인 사람 중에서 전 과목 평균 점수가 높은 순으로 합격자를 추가로 결정한다. 동점자로 인해 최소선발인원을 초과하는 경우 동점자 모두를 합격자로 한다.

## 9. 외국어능력검정시험 성적표 제출(외국어번역행정사)

외국어번역행정사 2차 시험의 '해당 외국어' 과목은 원서접수 마감일부터 거꾸로 계산하여 5년이 되는 날이 속하는 해의 1월 1일 이후에 실시된 외국어능력검정시험에서 취득한 성적으로 대체(행정사법 시행령 제9조 제3항, 별표 2)

● **외국어 과목을 대체하는 외국어능력검정시험 종류 및 기준점수**

| 시험명 | 기준점수 | 시험명 | 기준점수 |
|---|---|---|---|
| TOEFL | 쓰기 시험 부문 25점 이상 | IELTS | 쓰기 시험 부문 6.5점 이상 |
| TOEIC | 쓰기 시험 부문 150점 이상 | 신HSK | 6급 또는 5급 쓰기 영역 60점 이상 |
| | | DELE | C1 또는 B2 작문 영역 15점 이상 |
| TEPS | 쓰기 시험 부문 71점 이상<br>※ 청각장애인: 쓰기 시험 부문 64점 이상 | DELF/<br>DALF | • C2 독해와 작문 영역 25점 이상<br>• C1 또는 B2 작문 영역 12.5점 이상 |
| G-TELP | GWT 작문 시험 3등급 이상 | 괴테어학 | • C2 또는 B2 쓰기 모듈 60점 이상<br>• C1 쓰기 영역 15점 이상 |
| FLEX | 쓰기 시험 부문 200점 이상 | TORFL | 4단계 또는 3단계 또는 2단계 또는 1단계 쓰기 영역 66% 이상 |

# 민법총칙 1차 시험 총평

제12회 행정사 민법총칙 출제 난이도는 작년 제11회 시험보다 약간 쉬운 수준이었다.

심화문제는 2개 정도에 불과하였으며, 중급문제 5개와 기본문제 18개가 출제되었다. 조문과 기본 내용을 묻는 문제가 여전히 많은 한편 사례문제는 예년에 비해 쉬운 편이었고, 최신판례는 거의 나오지 않았다.

선택형 민법시험에서 고득점하기 위해서는 먼저 법 조문을 꼼꼼히 읽으면서 이해하는 습관을 길러야 한다. 그 다음 기본서에 수록된 판례의 결론과 근거를 정리하고 문제풀이를 반복하며 실수를 줄이는 연습도 필요하다. 이해와 정리를 통해 습득한 지식은 반드시 암기하여야 하며, 시험 당일까지 이해→정리→암기의 과정을 반복해야 한다.

행정사 시험도 12년간의 기출문제가 축적된 만큼, 먼저 기출문제를 확인하여 비슷한 유형의 국가고시 문제를 많이 풀고, 여기에 개정 법률과 최신판례만 추가하면 시험대비에 충분하다고 생각한다.

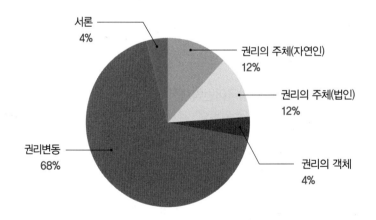

# 민법총칙 출제 경향 분석

◁ 2013~2024 민법총칙 출제 경향 분석

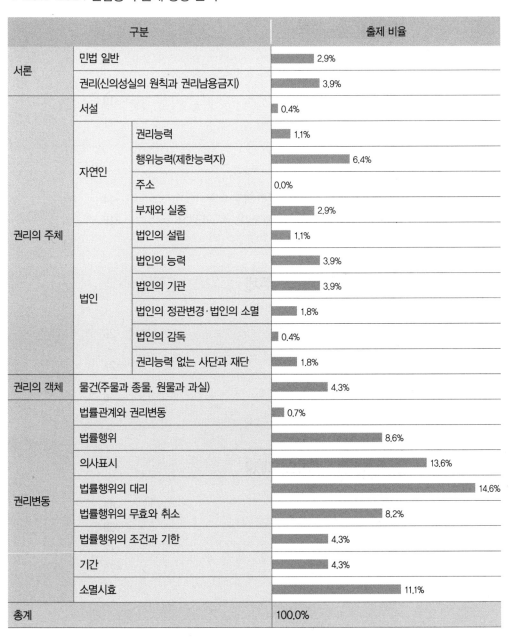

| 구분 | | | 출제 비율 |
|---|---|---|---|
| 서론 | 민법 일반 | | 2.9% |
| | 권리(신의성실의 원칙과 권리남용금지) | | 3.9% |
| 권리의 주체 | 서설 | | 0.4% |
| | 자연인 | 권리능력 | 1.1% |
| | | 행위능력(제한능력자) | 6.4% |
| | | 주소 | 0.0% |
| | | 부재와 실종 | 2.9% |
| | 법인 | 법인의 설립 | 1.1% |
| | | 법인의 능력 | 3.9% |
| | | 법인의 기관 | 3.9% |
| | | 법인의 정관변경·법인의 소멸 | 1.8% |
| | | 법인의 감독 | 0.4% |
| | | 권리능력 없는 사단과 재단 | 1.8% |
| 권리의 객체 | 물건(주물과 종물, 원물과 과실) | | 4.3% |
| 권리변동 | 법률관계와 권리변동 | | 0.7% |
| | 법률행위 | | 8.6% |
| | 의사표시 | | 13.6% |
| | 법률행위의 대리 | | 14.6% |
| | 법률행위의 무효와 취소 | | 8.2% |
| | 법률행위의 조건과 기한 | | 4.3% |
| | 기간 | | 4.3% |
| | 소멸시효 | | 11.1% |
| 총계 | | | 100.0% |

# 차 례

## PART 01  서론

### Chapter 01 민법 일반
제1절 민법의 법원 •10
제2절 민법의 법원의 종류 •11

### Chapter 02 권리
제1절 민법의 법률관계와 권리·의무 •14
제2절 신의성실의 원칙과 권리남용금지의 원칙 •18

## PART 02  권리의 주체

### Chapter 01 민법상 능력 •26

### Chapter 02 자연인 •27

### Chapter 03 법인 •46

## PART 03  권리의 객체

제1절 물건 •68
제2절 부동산과 동산 •69
제3절 주물과 종물 •72
제4절 원물과 과실 •75

## PART 04 권리의 변동

Chapter 01 권리변동 서론                    •78

Chapter 02 법률행위                         •80

Chapter 03 의사표시                         •92

Chapter 04 법률행위의 대리                  •110

Chapter 05 법률행위의 무효와 취소           •126

Chapter 06 법률행위의 조건과 기한           •137

Chapter 07 기간                            •144

Chapter 08 소멸시효

제1절 제척기간                             •146
제2절 소멸시효의 요건                        •149
제3절 소멸시효의 중단과 정지                 •156
제4절 소멸시효의 효력                        •162

행정사
**조민기 민법총칙**

PART

# 01

## 서론

Chapter 01  민법 일반

Chapter 02  권리

# 민법 일반

## 제1절 민법의 법원

### 1. 법원(法源)의 의미

민법의 법원은 실질적 의미의 민법이 존재하는 형식을 의미한다.

### 2. 성문법주의와 불문법주의

(1) 성문법을 1차적인 법원으로 인정하는 것이 성문법주의이고, 불문법을 주된 법원으로 인정하는 것이 불문법주의이다.

(2) 대륙법계인 우리나라는 성문법주의를 채택하고 있으므로 성문법이 제1차적인 법원이 되고 관습법, 조리 등이 이를 보충하고 있다. 영미법계는 불문법주의를 채택하고 있으므로 판례에 의하여 형성된 판례법이 제1차적인 법원이 되고, 성문법은 이를 명확히 하거나 보충하는 의의를 가질 뿐이다.

(3) **성문법주의와 불문법주의의 비교**

| 구분 | 성문법주의 | 불문법주의 |
|------|-----------|-----------|
| 장점 | • 법률의 명확화를 기할 수 있다.<br>• 법의 통일정비가 용이하다.<br>• 법질서가 안정적이다. | • 법질서가 경화되지 않고, 유동적이어서 구체적 타당성을 기할 수 있다.<br>• 법의 진화가 보다 용이하다. |
| 단점 | • 법질서가 유동적이지 않아 구체적 타당성을 저해하는 경우가 많다.<br>• 사회사정의 변천에 곧 적응하기 어렵다. | • 법이 명확하지 않다.<br>• 법의 통일정비가 곤란하다.<br>• 법질서의 안정을 해친다. |

## 제2절 민법의 법원의 종류

### 1. 민법 제1조

> **제1조【법원】** 민사에 관하여 법률에 규정이 없으면 관습법에 의하고 관습법이 없으면 조리에 의한다.

### 2. 성문법원(成文法源)

민법 제1조에서의 법률은 형식적 의의의 법률에 한정하지 않고 성문화된 법규명령, 자치법규, 조약 등 성문법원 전체를 통칭하는 것이다.

#### (1) 법률(형식적 의의의 법률)

형식적 의의의 법률이란 국회에서 헌법이 정하는 절차에 따라 제정·공포된 법률을 말한다. 여기에는 민법전, 민사특별법, 민법부속법률 등이 있다.

#### (2) 명령

입법기관인 국회의 의결을 거치지 않고 행정기관에 의하여 제정되는 법규범을 말한다. 이에는 위임명령·집행명령 등이 있으며, 제정권자에 따라 대통령령·총리령·부령 등으로 나눌 수 있다.

#### (3) 대법원규칙

대법원은 법률에 저촉되지 않는 범위 내에서 소송에 관한 절차, 법원의 내부규율과 사무처리에 관한 규칙을 제정할 수 있다(헌법 제108조).

#### (4) 조약과 일반적으로 승인된 국제법규

헌법에 의하여 체결·공포된 조약과 일반적으로 승인된 국제법규는 국내법과 같은 효력을 가진다(헌법 제6조).

#### (5) 자치법규

지방자치단체가 법령의 범위 내에서 그 사무에 관하여 제정하는 조례나 규칙도 민사에 관한 사항이 포함되는 경우에는 민법의 법원이 된다.

### 3. 불문법원(不文法源)

### (1) 관습법

① **의의** : 관습법이란 사회에서 자연적으로 발생한 관습 내지 관행이 일반인의 법적 확신을 얻어 법규범으로 승인된 것을 말한다.

② **관습법의 성립요건**

　　㉠ 관행이 존재할 것

　　㉡ 관행을 법규범으로 인식하는 법적 확신이 있을 것

　　㉢ 관행이 전체 법질서 및 선량한 풍속 기타 사회질서에 반하지 않을 것

③ **성립시기** : 관습법은 법원의 판결에 의하여 그 존재가 확인되지만, 성립시기는 그 관습이 법적 확신을 얻은 때로 소급한다(통설).

④ **관습법의 효력**

　　㉠ 보충적 효력설(다수설·판례) : 민법 제1조의 규정을 충실히 해석하여, 관습법은 법률의 규정이 없는 사항에 관하여 보충적으로 적용된다.

　　㉡ 대등적 효력설(변경적 효력설) : 관습법에 성문법과 대등한 지위를 인정하여, 관습법에 의한 성문법의 개폐를 인정한다.

**판례**

1. [1] 관습법은 바로 법원으로서 법령과 같은 효력을 갖는 관습으로서 법령에 저촉되지 않는 한 법칙으로서의 효력이 있는 것이며, 이에 반하여 사실인 관습은 법령으로서의 효력이 없는 단순한 관행으로서 법률행위의 당사자의 의사를 보충함에 그치는 것이다.
   [2] 법령과 같은 효력을 갖는 관습법은 당사자의 주장 입증을 기다림이 없이 법원이 직권으로 이를 확정하여야 하고 사실인 관습은 그 존재를 당사자가 주장 입증하여야 한다.
   [3] 사실인 관습은 사적자치가 인정되는 분야, 즉 그 분야의 제정법이 주로 임의규정일 경우에는 법률행위의 해석기준으로서 또는 의사를 보충하는 기능으로서 이를 재판의 자료로 할 수 있을 것이나 이외의, 즉 그 분야의 제정법이 주로 강행규정일 경우에는 그 강행규정 자체에 결함이 있거나 강행규정 스스로가 관습에 따르도록 위임한 경우 등 이외에는 법적 효력을 부여할 수 없다.
   [4] 가정의례준칙 제13조의 규정과 배치되는 관습법의 효력을 인정하는 것은 관습법의 제정법에 대한 열후적, 보충적 성격에 비추어 민법 제1조의 취지에 어긋나는 것이다(대판 1983. 6. 14, 80다3231).
2. [1] 공동선조의 후손 중 성년 남자만을 종중의 구성원으로 하고 여성은 종중의 구성원이 될 수 없다는 종래의 관습은 변화된 우리의 전체 법질서에 부합하지 아니하여 정당성과 합리성이 있다고 할 수 없으므로 종중 구성원의 자격을 성년 남자만으로 제한하는 종래의 관습법은 이제 더 이상 법적 효력을 가질 수 없게 되었다.
   [2] 공동선조와 성과 본을 같이 하는 후손은 성별의 구별 없이 성년이 되면 당연히 그 구성원이 된다고 보는 것이 <조리>에 합당하다(대판 전합 2005. 7. 21, 2002다1178).
3. 온천에 관한 권리를 관습법상의 물권이라고 볼 수 없다(대판 1970. 5. 26, 69다1239).
4. 미등기 무허가건물의 양수인이라 할지라도 그 소유권이전등기를 경료받지 않는 한 그 건물에 대한 소유권을 취득할 수 없고, 그러한 상태의 건물 양수인에게 소유권에 준하는 관습상의 물권이 있다고 볼 수도 없다(대판 2007. 6. 15, 2007다11347).

⑵ **조리**

조리는 일반 사회인의 건전한 상식으로 판단할 수 있는 사물의 도리를 일컫는 것으로서, 우리 민법 제1조는 조리를 민법의 법원으로 규정하고 있다.

⑶ **판례**

영미법계에서는 판례가 가장 중요한 법원이지만, 우리나라에서는 원칙적으로 성문법주의를 채용하고 있으므로 판례를 법원으로 인정하지 않는다(다수설).

### 제1절  민법의 법률관계와 권리·의무

### 01  법률관계

#### 1. 법률관계의 의의

법에 의하여 규율되는 생활관계를 가리켜 법률관계라고 한다.

#### 2. 법률관계와 호의관계

##### (1) 호의관계의 의의

호의관계란 법적으로 구속받을 의사 없이 호의로 어떤 행위를 해주기로 하는 생활관계를 의미한다. 호의관계냐 아니면 법률관계냐의 구별은 '법적 구속의사의 존부'에 의해 결정된다.

##### (2) 호의관계의 효과

① 호의관계는 법적으로 규율되는 관계가 아니므로 그에 기한 계약상 청구권이 발생하지 않으며, 따라서 채무불이행에 기한 손해배상을 청구할 수 없다.

② 그러나 호의관계에 기해서도 불법행위에 기한 손해배상청구권과 같은 법률의 규정에 의한 청구권은 성립할 수 있다. 예컨대, 甲이 호의로 乙을 차에 동승시켜 목적지로 가다가 실수로 교통사고를 일으켜 乙이 부상을 입은 경우, 乙은 甲에 대하여 불법행위에 기한 손해배상청구권을 갖는다. 판례는 가해자에게 일반 교통사고와 동일한 책임을 지우는 것이 신의칙이나 형평의 원칙으로 보아 매우 불합리하다고 인정될 때에는 그 배상액을 경감할 수 있으나, 사고 차량에 단순히 호의로 동승하였다는 사실만 가지고 바로 이를 배상액 경감사유로 삼을 수 있는 것은 아니라고 한다.

## 02 권리의 종류

### 1. 내용에 따른 분류

#### (1) 인격권

인격권이란 권리의 주체와 분리할 수 없는 인격적 이익의 향수를 내용으로 하는 권리를 말한다.

> **판례**
>
> <u>인격권으로서의 명예권</u>은 배타성을 가지는 권리라고 할 것이므로 <u>명예를 위법하게 침해당한 자</u>는 손해배상 또는 명예회복을 위한 처분을 구할 수 있는 이외에 <u>현재 이루어지고 있는 침해행위를 배제하거나 장래</u>에 생길 침해를 예방하기 위하여 침해행위의 금지를 구할 수도 있다(대결 2005. 1. 17, 2003마1477).

#### (2) 재산권

① **물권**: 물권이란 권리자가 물건을 직접적으로 지배하여 이익을 얻는 배타적인 권리를 말한다.

② **준물권(準物權)**: 준물권이란 물건을 직접적으로 지배하고 있지는 않으나, 타인을 배제하고 독점적으로 물건을 취득할 수 있는 권리(⑩ 광업권, 어업권)를 말한다.

③ **채권**: 채권이란 특정인(채권자)이 다른 특정인(채무자)에 대하여 일정한 행위(급부)를 요구할 수 있는 권리이다.

④ **지식재산권**: 지식재산권이란 저작 · 발명 등의 정신적 창조물을 독점적으로 이용하는 것을 내용으로 하는 권리를 말한다.

#### (3) 가족권(신분권)

가족권은 친족관계에 있어서의 일정한 지위에 따르는 이익을 향수할 수 있는 친족권과 상속인이 누릴 수 있는 상속권이 있다.

#### (4) 사원권(社員權)

사원권이란 단체의 구성원이 그 구성원이라는 지위에 기하여 단체에 대하여 가지는 권리를 말한다. 사단법인의 사원의 권리, 주식회사의 주주권 등이 이에 속한다.

### 2. 작용에 따른 분류

#### (1) 지배권

지배권은 타인의 행위를 매개로 하지 않고 일정한 객체를 직접 지배할 수 있는 권리이다. 인격권 · 물권 · 지식재산권이 이에 속한다. 지배권에 대한 제3자의 위법한 침해는 불법행위를 성립시키며(제750조), 권리자에게 침해상태의 배제를 청구할 수 있는 권리가 인정된다(제213조 · 제214조).

## (2) 청구권

청구권은 특정인이 다른 특정인에 대하여 일정한 행위(급부)를 요구할 수 있는 권리이다. 청구권은 채권에서 나오는 것이 보통이지만, 물권·지식재산권·가족권으로부터도 발생한다.

## (3) 형성권

형성권은 권리자의 일방적 의사표시에 의하여 법률관계의 발생·변경·소멸 등을 일으키는 권리이다.

| 권리자의 의사표시만으로 효과를 발생하는 형성권 | 동의권(제5조·제10조), 최고권·철회권·거절권(제15조·제16조), 취소권(제140조), 약혼해제권(제805조), 상속포기권(제1041조) 등 |
|---|---|
| 재판상으로 권리를 행사하여 그 판결에 의해 효과가 발생하는 형성권 | 채권자취소권(제406조), 혼인취소권(제816조), 재판상 이혼권(제840조), 친생부인권(제846조), 입양취소권(제884조), 재판상 파양권(제905조) 등 |

참고

**청구권이라 표현하지만 실제는 형성권인 경우**

• 공유물분할청구권(제268조)
• 지상물매수청구권(제283조)
• 지료증감청구권(제286조)
• 지상권설정자의 지상권소멸청구권(제287조) 등

## (4) 항변권

항변권은 상대방의 청구권 행사에 대하여 일시적 또는 영구적으로 작용을 저지할 수 있는 권리이다. 여기에는 청구권의 행사를 일시적으로 저지하는 연기적 항변권[예 보증인의 최고·검색의 항변권(제437조), 동시이행의 항변권(제536조)]과 영구적으로 저지할 수 있는 영구적 항변권[예 상속인의 한정승인(제1028조)]이 있다.

판례

이혼위자료청구권은 원칙적으로 일신전속적 권리로서 양도나 상속 등 승계가 되지 아니하나 이는 <u>행사상 일신전속권이고 귀속상 일신전속권은 아니라 할 것인바, 그 청구권자가 위자료의 지급을 구하는 소송을 제기함으로써 청구권을 행사할 의사가 외부적 객관적으로 명백하게 된 이상 양도나 상속 등 승계가 가능하다</u>(대판 1993. 05. 27, 92므143).

## 03 권리의 충돌과 경합

### 1. 권리의 충돌

#### (1) 의의

권리의 충돌이란 동일한 객체에 수 개의 권리가 존재하는 경우에, 그 객체가 모든 권리를 만족시킬 수 없는 경우를 말한다.

#### (2) 권리의 충돌과 권리의 순위

① 물권 상호 간의 충돌

ㄱ 물권은 배타적인 권리이므로 하나의 물건 위에 양립할 수 없는 물권이 함께 성립할 수는 없다. 이때에는 시간적으로 먼저 성립한 물권이 우선한다.

ㄴ 그러나 서로 다른 내용의 물권은 양립할 수 있다. 즉, 종류가 다른 물권이 하나의 물건 위에 동시에 성립할 수 있으며(예 전세권과 저당권), 하나의 물건 위에 여러 개의 저당권이 성립할 수 있다. 이들 상호 간에도 먼저 성립한 물권이 우선한다.

ㄷ 소유권과 제한물권이 병존하는 경우 소유권은 제한물권에 의해 제한을 받으므로 결국 제한물권이 소유권에 우선한다.

② **물권과 채권의 충돌**: 동일한 물건에 대해 물권과 채권이 충돌한 때에는 그 성립시기의 선후를 불문하고 원칙적으로 물권이 우선한다.

③ **채권 상호 간의 충돌**: 동일한 채무자에 대하여 수 개의 채권이 충돌하는 경우 채권 성립의 선후는 문제되지 않으며, 채권자 평등의 원칙에 따라 어느 채권자도 우선적으로 변제받을 수 없는 것이 원칙이다. 그러나 이 원칙이 그대로 지켜지는 것은 채무자가 파산한 경우와 채무자 재산에 대한 경매의 배당에 참가한 경우이며, 그 밖의 경우에는 선행주의에 따라 채무자로부터 먼저 변제받는 자가 만족을 얻게 된다.

### 2. 권리의 경합

권리의 경합이란 하나의 생활사실이 수 개의 법규의 요건을 충족하여, 그 결과 동일한 목적과 결과를 가져오는 수 개의 권리가 동일한 권리자에게 발생하는 경우를 말한다. 예컨대, 임대차계약 종료 후 임대목적물의 소유자인 임대인에게는 임대차에 기한 반환청구권(제618조)과 소유권에 기한 반환청구권(제213조)이 발생한다.

## 제2절 신의성실의 원칙과 권리남용금지의 원칙

> **제2조 【신의성실】** ① 권리의 행사와 의무의 이행은 신의에 좇아 성실히 하여야 한다.
> ② 권리는 남용하지 못한다.

**판례**

1. 숙박업자는 고객에게 위험이 없는 안전하고 편안한 객실 및 관련 시설을 제공함으로써 고객의 안전을 배려하여야 할 보호의무를 부담하며 이러한 의무는 숙박계약의 특수성을 고려하여 신의칙상 인정되는 부수적인 의무로 <숙박업자가 이를 위반하여 고객의 생명·신체를 침해하여 투숙객에게 손해를 입힌 경우> 불완전이행으로 인한 채무불이행책임을 부담한다(대판 2000. 11. 24, 2000다38718·38725).
2. 환자가 병원에 입원하여 치료를 받는 경우에 있어서, 입원환자의 휴대품 등의 도난을 방지함에 필요한 적절한 조치를 강구하여 줄 신의칙상의 보호의무가 있다(대판 2003. 4. 11, 2002다63275).
3. 부동산 거래에 있어 거래 상대방이 일정한 사정에 관한 고지를 받았더라면 그 거래를 하지 않았을 것임이 경험칙상 명백한 경우에는 신의성실의 원칙상 사전에 상대방에게 그와 같은 사정을 고지할 의무가 있으며, 그와 같은 고지의무의 대상이 되는 것은 직접적인 법령의 규정뿐 아니라 널리 계약상, 관습상 또는 조리상 일반원칙에 의하여도 인정될 수 있다. 아파트 분양자는 아파트 단지 인근에 쓰레기매립장이 건설 예정인 사실을 분양계약자에게 고지할 신의칙상 의무를 부담한다(대판 2006. 10. 12, 2004다48515).
4. 유효하게 성립한 계약상의 책임을 공평의 이념 또는 신의칙과 같은 일반원칙에 의하여 제한하는 것은 사적자치의 원칙이나 법적 안정성에 대한 중대한 위협이 될 수 있으므로, 채권자가 유효하게 성립한 계약에 따른 급부의 이행을 청구하는 때에 법원이 급부의 일부를 감축하는 것은 원칙적으로 허용되지 않는다(대판 2016. 12. 1, 2016다240543).

## 01 신의칙의 파생원칙

### 1. 사정변경의 원칙

#### (1) 의의

사정변경의 원칙이란 법률행위 성립의 기초가 된 사정이 당사자가 예견할 수 없었던 중대한 변경으로 당초의 법률행위의 효과를 그대로 유지하는 것이 신의칙에 반하는 부당한 결과를 가져오는 때에, 그 법률행위의 내용을 변경된 사정에 맞게 수정하거나 계약을 해제·해지할 수 있다는 원칙이다.

#### (2) 판례

① **비계속적 계약관계에 있어 사정변경의 원칙에 기한 계약해제**: 종래 사정변경의 원리를 내세워서 그 매매계약을 해제할 수 있는 권리는 생기지 않았으나(판례), 최근에 계약해제가 인정될 수 있음을 전제로 그 구체적 요건을 적시한 주목할 만한 판례가 나왔다.

② **계속적 계약관계에 있어 사정변경의 원칙에 기한 계약해지** : 예컨대 회사 임원의 지위에 있기 때문에 회사의 요구로 부득이 회사와 제3자 사이의 계속적 거래로 인한 회사의 채무에 대하여 보증인이 된 자가, 그 후 회사로부터 퇴사하여 임원의 지위를 떠난 때에는 보증계약 성립 당시의 사정에 현저한 변경이 생긴 경우에 해당하므로, 사정변경을 이유로 보증계약을 해지할 수 있다(판례).

> **판례**
>
> 1. 매매계약을 맺은 때와 그 잔대금을 지급할 때와의 사이에 장구한 시일이 지나서 그동안에 <u>화폐가치의 변동</u>이 극심하였던 탓으로 매수인이 애초에 계약할 당시의 금액표시대로 잔대금을 제공한다면 그동안에 앙등한 매매목적물의 가격에 비하여 그것이 현저하게 균형을 잃은 이행이 되는 경우라 할지라도 민법상 매도인으로 하여금 사정변경의 원리를 내세워서 그 매매계약을 해제할 수 있는 권리는 생기지 않는다(대판 1963. 9. 12, 63다452).
>
> 2. 매매계약 체결 후 9년이 지났고 시가가 올랐다는 사정만으로 <u>계약을 해제할 만한 사정변경이 있다고 볼 수 없고</u>, 매수인의 소유권 이전등기 절차이행 청구가 신의칙에 위배된다고도 할 수 없다(대판 1991. 2. 26, 90다19664).
>
> 3. <u>사정변경으로 인한 계약해제</u>는 계약 성립 당시 당사자가 예견할 수 없었던 현저한 사정의 변경이 발생하였고 그러한 사정의 변경이 해제권을 취득하는 당사자에게 책임 없는 사유로 생긴 것으로서, 계약내용대로의 구속력을 인정한다면 신의칙에 현저히 반하는 결과가 생기는 경우에 <u>계약준수 원칙의 예외로서 인정되는 것이고</u>, 여기에서 말하는 사정이라 함은 계약의 기초가 되었던 객관적인 사정으로서, 일방 당사자의 주관적 또는 개인적인 사정을 의미하는 것은 아니라 할 것이다(대판 2007. 3. 29, 2004다31302).
>
> 4. <u>사정변경을 이유로 보증계약을 해지할 수 있는 것은 포괄근보증이나 한정근보증과 같이 채무액이 불확정적이고 계속적인 거래로 인한 채무에 대하여 한 보증에 한하는바</u>, 회사의 이사로 재직하면서 보증 당시 그 채무액과 변제기가 특정되어 있는 회사의 <u>확정채무</u>에 대하여 <u>보증</u>을 한 후 이사직을 사임하였다 하더라도, 사정변경을 이유로 보증계약을 <u>해지할 수 없다</u>(대판 1996. 2. 9, 95다27431).
>
> 5. <u>계속적 보증계약에서 보증기간을 정하였다고 하더라도</u> 그것이 퇴사 후에도 보증채무를 부담키로 특약한 취지라고 인정되지 않는 한 <u>위와 같은 해지권의 발생에 영향이 없다</u>(대판 1990. 2. 27, 89다카1381).
>
> 6. 채권자와 채무자 사이에 계속적인 거래관계에서 발생하는 불확정한 채무를 보증하는 이른바 <u>계속적 보증</u>의 경우뿐만 아니라 특정채무를 보증하는 <u>일반보증</u>의 경우에 있어서도, 채권자의 권리행사가 신의칙에 비추어 용납할 수 없는 성질의 것인 때에는 <보증인의 책임을 제한>하는 것이 <예외적으로 허용>될 수 있을 것이다(대판 2004. 1. 27, 2003다45410).
>
> 7. 임대차계약에 있어서 <u>차임불증액의 특약이 있더라도</u> 약정 후 그 <u>특약을 그대로 유지시키는 것이 신의칙에 반한다고 인정될 정도의 사정변경</u>이 있다고 보여지는 경우에는 형평의 원칙상 임대인에게 <u>차임증액 청구를 인정하여야 한다</u>(대판 1996. 11. 12, 96다34061).
>
> 8. 사정변경의 원칙에서 말하는 사정이란 당사자들에게 계약 성립의 기초가 된 사정을 가리키고, 당사자들이 계약의 기초로 삼지 않은 사정이나 <u>어느 일방당사자가 변경에 따른 불이익이나 위험을 떠안기로 한 사정은 포함되지 않는다.</u> … 경제상황 등의 변동으로 당사자에게 손해가 생기더라도 <u>합리적인 사람의 입장에서 사정변경을 예견할 수 있었다면</u> 사정변경을 이유로 계약을 <u>해제하거나 해지할 수 없다</u>(대판 2021. 6. 30, 2019다276338).

## 2. 실효의 원칙

실효의 원칙이란 ① 권리자가 권리를 장기간 행사하지 않았기 때문에 ② 상대방이 이제는 그 권리를 행사하지 않을 것으로 믿을 만한 정당한 사유가 있게 된 경우, 새삼스럽게 그 권리를 행사하는 것이 신의칙에 위반되는 결과가 될 때에는 그 권리행사를 허용하지 않는 것을 의미한다.

**판례**

1. 토지소유자가 그 점유자에 대하여 부당이득반환청구권을 장기간 적극적으로 행사하지 아니하였다는 사정만으로는 부당이득반환청구권이 이른바 실효의 원칙에 따라 소멸하였다고 볼 수 없다(대판 2002. 1. 8, 2001다60019).
2. 종전 토지소유자가 자신의 권리를 행사하지 않았다는 사정은 그 토지의 소유권을 적법하게 취득한 새로운 권리자에게 실효의 원칙을 적용함에 있어서 고려하여야 할 것은 아니다(대판 1995. 8. 25, 94다27069).
3. 인지청구권은 본인의 일신전속적인 신분관계상의 권리로서 포기할 수도 없으며 포기하였더라도 그 효력이 발생할 수 없는 것이고, 이와 같이 인지청구권의 포기가 허용되지 않는 이상 거기에 실효의 법리가 적용될 여지도 없다(대판 2001. 11. 27, 2001므1353).

## 3. 모순행위금지의 원칙(금반언의 원칙)

모순행위금지의 원칙이란 선행하는 행위와 모순되는 후행행위의 효과를 인정하게 되면, 선행행위로 말미암아 야기된 다른 사람의 신뢰를 부당하게 침해하기 때문에 후행행위의 효력을 제한하려는 원칙이다.

**판례**

1. 사용자로부터 해고된 근로자가 퇴직금 등을 수령하면서 아무런 이의의 유보나 조건을 제기하지 않았다면 특별한 사정이 없는 한 그 해고의 효력을 인정하였다고 할 것이고, 따라서 그로부터 오랜 기간이 지난 후에 그 해고의 효력을 다투는 소를 제기하는 것은 신의칙이나 금반언의 원칙에 위배되어 허용될 수 없다(대판 2000. 4. 25, 99다34475).
2. 대리권한 없이 타인의 부동산을 매도한 자가 그 부동산을 상속한 후 소유자의 지위에서 자신의 대리행위가 무권대리로 무효임을 주장하여 등기말소 등을 구하는 것은 금반언원칙이나 신의칙상 허용될 수 없다(대판 1994. 9. 27, 94다20617).
3. 甲이 하여야 할 연대보증을 그 부탁으로 乙이 대신 한 경우, 甲이 그 연대보증채무를 대위변제하였다는 이유로 乙에 대하여 구상권을 행사하는 것은 신의칙에 반한다(대판 2000. 5. 12, 99다38293).
4. 상속인 중의 1인이 피상속인의 생존 시에 피상속인에 대하여 상속을 포기하기로 약정하였다고 하더라도, 상속개시 후에 자신의 상속권을 주장하는 것은 정당한 권리행사로서 권리남용에 해당하거나 또는 신의칙에 반하는 권리의 행사라고 할 수 없다(대판 1998. 7. 24, 98다9021).

5. 강행규정을 위반한 법률행위를 한 사람이 스스로 그 무효를 주장하는 것이 신의칙에 위배되는 권리의 행사라는 이유로 이를 배척한다면 강행규정의 입법 취지를 몰각시키는 결과가 되므로 그러한 주장은 신의칙에 위배된다고 볼 수 없음이 원칙이다. 다만 신의칙을 적용하기 위한 일반적인 요건을 갖추고 <강행규정성에도 불구하고 신의칙을 우선하여 적용할 만한 특별한 사정이 있는 예외적인 경우>에는 강행규정을 위반한 법률행위의 무효를 주장하는 것이 신의칙에 위배될 수 있다(대판2021. 11. 25, 2019다 277157).

6. 취득시효완성 후에 그 사실을 모르고 당해 토지에 관하여 어떠한 권리도 주장하지 않기로 하였다 하더라도 이에 반하여 시효주장을 하는 것은 특별한 사정이 없는 한 신의칙에 위반되어 허용되지 않는다(대판 1998. 5. 22, 96다24101).

## [02] 권리남용금지의 원칙

### 1. 권리남용의 요건

#### (1) 권리의 행사 또는 불행사가 있을 것

#### (2) 권리의 행사가 권리 본래의 사회적 목적에 부합하지 않을 것

#### (3) 주관적 요건이 필요한지 여부

통설은 권리남용 여부는 객관적으로 판단되며, 권리자의 가해의사 또는 가해목적은 권리남용의 요건이 아니라고 본다. 이에 반해 판례의 일반적인 경향은 권리남용의 요건으로 객관적 요건 외에 주관적 요건을 요구한다. 다만, 경우에 따라서 완화하기도 한다.

**판례**

1. 권리행사가 권리의 남용에 해당한다고 할 수 있으려면, 주관적으로 그 권리행사의 목적이 오직 상대방에게 고통을 주고 손해를 입히려는 데 있을 뿐 행사하는 사람에게 아무런 이익이 없는 경우이어야 하고, 객관적으로는 그 권리행사가 사회질서에 위반된다고 볼 수 있어야 하는 것이며, 이와 같은 경우에 해당하지 않는 한 비록 그 권리의 행사에 의하여 권리행사자가 얻는 이익보다 상대방이 잃을 손해가 현저히 크다 하여도 그러한 사정만으로는 이를 권리남용이라 할 수 없고, 다만 이러한 주관적 요건은 권리자의 정당한 이익을 결여한 권리행사로 보여지는 객관적인 사정에 의하여 추인할 수 있다(대판 1998. 6. 26, 97다42823).

2. 상계권 행사를 제한하는 위와 같은 근거에 비추어 볼 때 일반적인 권리남용의 경우에 요구되는 주관적 요건을 필요로 하는 것은 아니라고 할 것이다(대판 2003. 4. 11, 2002다59481).

3. 상표권의 행사를 제한하는 위와 같은 근거에 비추어 볼 때 상표권 행사의 목적이 오직 상대방에게 고통을 주고 손해를 입히려는 데 있을 뿐 이를 행사하는 사람에게는 아무런 이익이 없어야 한다는 주관적 요건을 반드시 필요로 하는 것은 아니다(대판 2007. 1. 25, 2005다67223).

## 2. 권리남용의 효과

권리의 행사가 권리남용에 해당한다면, 권리 본래의 효과가 발생하지 않는다. 그러나 원칙적으로 권리 자체가 박탈되는 것은 아니다. 권리의 박탈은 명문의 규정이 있는 경우에 한한다 [예 친권의 상실선고(제924조)].

**판례**

1. 토지소유자가 토지 상공에 송전선이 설치되어 있는 사정을 알면서 그 토지를 취득한 후 13년이 경과하여 그 송전선의 철거를 구한 사안에서, … 토지소유자의 송전선 철거청구가 권리남용에 해당하지 않는다(대판 1996. 5. 14, 94다54283).

2. ① 채무자가 시효완성 전에 채권자의 권리행사나 시효중단을 불가능 또는 현저히 곤란하게 하거나 그러한 조치가 불필요하다고 믿게 하는 행동을 하였거나, ② 객관적으로 채권자가 권리를 행사할 수 없는 장애사유가 있었거나, ③ 또는 일단 시효완성 후에 채무자가 시효를 원용하지 아니할 것 같은 태도를 보여 권리자로 하여금 그와 같이 신뢰하게 하였거나, ④ 채권자 보호의 필요성이 크고 같은 조건의 다른 채권자가 채무의 변제를 수령하는 등의 사정이 있어 채무이행의 거절을 인정함이 현저히 부당하거나 불공평하게 되는 등의 <특별한 사정이 있는 경우에 한하여> 채무자가 소멸시효의 완성을 주장하는 것이 신의성실의 원칙에 반하여 권리남용으로서 허용될 수 없다(대판 1999. 12. 7, 98다42929).

3. 동시이행의 항변권의 행사가 주로 자기 채무의 이행만을 회피하기 위한 수단이라고 보여지는 경우에는 그 항변권의 행사는 권리남용으로서 배척되어야 한다(대판 1992. 4. 28, 91다29972).

4. 확정판결의 내용이 실체적 권리관계에 배치되어 판결에 의한 집행이 권리남용에 해당된다고 하기 위해서는 … 확정판결에 기한 집행이 현저히 부당하고 상대방으로 하여금 집행을 수인하도록 하는 것이 정의에 반함이 명백하여 사회생활상 용인할 수 없다고 인정되는 경우이어야 한다(대판 2014. 2. 21, 2013다75717).

5. 공로 부지의 소유자가 이를 점유·관리하는 지방자치단체를 상대로 공로로 제공된 도로의 철거, 점유 이전 또는 통행금지를 청구하는 것은 법질서상 원칙적으로 허용될 수 없는 '권리남용'이라고 보아야 한다(대판 2023. 9. 14, 2023다214108).

ME
MO

행정사
**조민기 민법총칙**

# 권리의 주체

Chapter 01  민법상 능력
Chapter 02  자연인
Chapter 03  법인

# 01 민법상 능력

## 1. 권리능력

권리의 주체가 될 수 있는 법적 지위 또는 자격을 말한다.

## 2. 의사능력

의사능력이란 자신의 행위의 의미나 결과를 정상적인 인식력과 예기력을 바탕으로 합리적으로 판단할 수 있는 정신적 능력 내지 지능을 말한다. 사적자치의 원칙상 의사무능력자의 법률행위는 무효로 본다(통설·판례).

## 3. 행위능력

행위능력은 단독으로 유효한 법률행위를 할 수 있는 능력을 말하며, 제한능력자의 행위는 취소할 수 있는 것으로 규정하고 있다(제5조·제10조·제13조).

## 4. 책임능력(불법행위능력)

책임능력은 자기행위의 법률상의 책임을 변식할 수 있는 정신적 능력 내지 지능을 의미하며, 책임무능력자는 불법행위책임을 지지 않고 그 감독자가 책임을 진다(제755조).

## 5. 강행규정

민법의 능력에 관한 규정은 모두 강행규정이므로 당사자가 특약으로 달리 정할 수 없다.

> **판례**
>
> 1. 어떤 법률행위가 그 일상적인 의미만을 이해하여서는 알기 어려운 특별한 법률적인 의미나 효과가 부여되어 있는 경우 의사능력이 인정되기 위하여는 그 행위의 일상적인 의미뿐만 아니라 법률적인 의미나 효과에 대하여도 이해할 수 있을 것을 요한다(대판 2009. 1. 15, 2008다58367).
> 2. 행위무능력자 제도는 사적자치의 원칙이라는 민법의 기본이념, 특히, 자기책임 원칙의 구현을 가능케 하는 도구로서 인정되는 것이고, 거래의 안전을 희생시키더라도 행위무능력자를 보호하고자 함에 근본적인 입법 취지가 있다(대판 2007. 11. 16, 2005다71659·71666·71673).

# 자연인

## 01 자연인의 권리능력

> **제3조【권리능력의 존속기간】** 사람은 생존한 동안 권리와 의무의 주체가 된다.

### 1. 권리능력의 시기

#### (1) 출생

① 모든 자연인은 출생한 때로부터 권리능력을 취득한다. 출생의 의미에 대해서는 태아가 모체로부터 완전히 분리되어 독립된 개체로 되는 때에 출생한 것으로 보는 전부노출설이 통설이다.

② 출생과 관련된 가족관계등록부의 기재사실은 추정을 받으나, 그에 반하는 증거에 의하여 번복할 수 있다.

#### (2) 태아의 권리능력

① **태아의 의의 및 태아보호의 필요성** : 태아란 임신 후 자연적인 출생에 의하여 모체로부터 전부 노출되기 전까지의 생명체를 말한다. 일정한 경우에 태아에게도 예외적으로 권리능력을 인정함으로써 태아의 이익을 보호할 필요가 있다.

② **태아의 권리능력을 인정하는 민법의 규정**

㉠ **불법행위에 기한 손해배상청구권** : 고의 또는 과실로 인한 위법행위로 타인에게 손해를 가한 자는 그 손해를 배상할 책임이 있는데(제750조), 태아는 이 손해배상의 청구권에 관하여 이미 출생한 것으로 본다(제762조).

㉡ **상속** : 태아는 상속순위에 관하여는 이미 출생한 것으로 본다(제1000조 제3항). 태아에게 대습상속(제1001조)과 유류분권(제1112조)도 인정된다는 것이 통설이다.

㉢ **유증** : 유증에 관하여도 태아는 출생한 것으로 본다(제1064조, 제1000조 제3항). 따라서 유언자가 사망할 때 태아였던 자에 대한 유증도 유효하다.

　　　ⓔ **인지청구권**: 민법상 父는 태아를 인지할 수 있으나(제858조), 태아의 父에 대한 인지청구권에 대해서는 명문의 규정이 없으므로 개별적 보호주의의 취지상 부정하여야 한다(다수설).

　　　ⓜ **사인증여**: 태아가 사인증여에 있어서 출생한 것으로 볼 것인지에 대하여 긍정설과 부정설의 대립이 있다. 사인증여에 대해 직접 다룬 판례는 없으나, 증여가 계약임을 근거로 태아에 대해 증여를 받을 수 있는 능력을 부정하고 있으므로 그 논리에 따른다면, 판례는 사인증여의 수증능력에 대해서도 부정설의 입장이라고 볼 수 있다.

③ **태아의 법률상 지위**: 민법상 태아에게 권리능력을 인정하는 법률관계에 있어서 '이미 출생(出生)한 것으로 본다'고 규정하고 있는데, 이것이 구체적으로 무엇을 의미하는가에 관하여 견해의 대립이 있다.

　　　㉠ **정지조건설(인격소급설)**: 태아인 동안에는 아직 권리능력을 취득하지 못하나, 살아서 출생한 때에는 그의 권리능력취득의 효과가 문제의 사건발생 시까지 소급해서 생긴다는 견해이다(판례).

　　　㉡ **해제조건설(제한적 인격설)**: 이미 출생한 것으로 간주되는 각 경우에 태아는 그 개별적 사항의 범위 안에서 제한된 권리능력을 가지며, 다만 사산인 때에는 그 권리능력취득의 효과가 문제의 사건발생 시까지 소급하여 소멸한다고 보는 견해이다(다수설).

**판례**

1. 설사 태아가 권리를 취득한다 하더라도 현행법상 이를 대행할 기관이 없으니 <u>태아로 있는 동안은 권리능력을 취득할 수 없으니 살아서 출생한 때에 출생시기가 문제의 사건의 시기까지 소급하여 그때에 태아가 출생한 것과 같이 법률상 보아준다고 해석하여야 상당하므로</u> 이와 같은 취지에서 원고의 처가 사고로 사망할 당시 임신 8개월 된 태아가 있었음과 그가 모체와 같이 사망하여 출생의 기회를 못 가진 사실을 인정하고 살아서 태어나지 않은 이상 배상청구권을 논할 여지 없다는 취의로 판단하여 이 청구를 배척한 조치는 정당하다(대판 1976. 9. 14, 76다1365).
2. 태아도 손해배상청구권에 관하여는 이미 출생한 것으로 보는바, <u>부가 교통사고로 상해를 입을 당시 태아가 출생하지 아니하였다고 하더라도 <그 뒤에 출생한 이상> 부의 부상으로 인하여 입게 될 정신적 고통에 대한 위자료를 청구할 수 있다</u>(대판 1993. 4. 27, 93다4663).

## 2. 외국인의 권리능력

### (1) 내·외국인 평등의 원칙

헌법 제6조 제2항이 외국인은 국제법과 조약이 정하는 바에 의하여 그 지위가 보장된다고 규정함에 따라, 원칙적으로 외국인도 내국인과 동등한 권리능력을 가진다고 본다.

### (2) 외국인의 권리능력에 대한 제한

① **권리능력의 부정**: 한국 선박 및 한국 항공기의 소유권(선박법 제2조, 항공안전법 제10조), 도선사가 되는 권리(도선법 제6조) 등이다.

② **상호주의에 의한 제한**: 외국인의 토지취득(부동산 거래신고 등에 관한 법률 제7조), 지적 재산권, 품종보호권, 국가배상청구권 등이다.

## 3. 권리능력의 종기

### (1) 사망

① 사람은 사망과 동시에 권리능력을 상실한다. 민법은 사람의 사망시기에 대하여 규정하고 있지 않은데, 다수설은 호흡과 심장의 박동이 영구적으로 정지한 때(맥박종지설·심장사설)를 사망시기로 본다.

② 사람이 사망하면 가족관계의 등록 등에 관한 법률의 절차에 따라 사망신고를 하여야 한다. 가족관계등록부의 사망기재는 일응 진실에 부합하는 것이라는 추정을 받을 뿐이므로 반증이 있으면 번복할 수 있다.

### (2) 사망의 입증곤란을 구제하기 위한 제도

> **제30조【동시사망】** 2인 이상이 동일한 위난으로 사망한 경우에는 동시에 사망한 것으로 추정한다.

① **동시사망의 추정**: 민법은 2인 이상의 사람이 동일한 위난에 의하여 사망한 경우에 동시에 사망한 것으로 추정하여 동사자(同死者) 간에는 상속 등이 생기지 아니하도록 하고 있다. 민법 제30조는 추정규정이기 때문에 반증을 들어 그 추정을 뒤집을 수 있다.

② **인정사망**: 시체의 발견 등 사망의 확증은 없으나 수난·화재 기타 재난으로 인하여 사망이 확실시되는 경우에, 관공서의 보고에 의하여 가족관계등록부에 사망의 기재를 하여, 사망으로 추정하는 제도이다(가족관계의 등록 등에 관한 법률 제87조).

## 02 자연인의 행위능력

### 1. 행위능력제도 일반

#### (1) 행위능력의 의의

행위능력이란 단독으로 완전히 유효한 법률행위를 할 수 있는 지위 또는 능력을 말한다. 행위능력의 유무는 연령, 법원의 선고 등 객관적·획일적인 기준에 의하여 결정되며, 그 기준에 미달한 때에는 표의자의 의사능력 유무를 묻지 않고 법률행위를 취소할 수 있게 하여 표의자를 보호하고 있다.

#### (2) 제한능력자

종전에는 행위무능력자로서 미성년자, 한정치산자, 금치산자를 두었으나 2013년 7월 1일부터 시행된 개정 민법에서는 이를 제한능력자로서 미성년자, 피한정후견인, 피성년후견인으로 바꾸었다.

### 2. 미성년자

#### (1) 미성년자의 의의

> **제4조【성년】** 사람은 19세로 성년에 이르게 된다.

① **성년기**: 19세가 되면 민법상 성년이 되고, 성년에 달하지 않은 자를 미성년자라고 한다. 나이는 출생일을 산입하여 만 나이로 계산한다(제158조 본문).
② **성년의제**: 미성년자가 혼인을 한 때에는 성년자로 본다(제826조의2). 여기서 혼인이란 법률혼만을 의미하며 사실혼은 제외한다. 성년의제는 사법상의 법률관계에 한하여 적용되며 공법상의 법률관계에는 적용되지 않는다.

#### (2) 미성년자의 행위능력

> **제5조【미성년자의 능력】** ① 미성년자가 법률행위를 함에는 법정대리인의 동의를 얻어야 한다. 그러나 권리만을 얻거나 의무만을 면하는 행위는 그러하지 아니하다.
> ② 전항의 규정에 위반한 행위는 취소할 수 있다.

① **원칙**: 미성년자가 법률행위를 하려면 원칙적으로 법정대리인의 동의를 얻어야 한다(제5조 제1항). 이에 위반한 행위는 미성년자 본인이나 법정대리인이 취소할 수 있다(제5조 제2항, 제140조).

② **예외** : 다음의 경우에는 미성년자가 법정대리인의 동의 없이 단독으로 법률행위를 할 수 있다. 물론 이 경우에도 의사능력은 있어야 한다.

　㉠ 단순히 권리만을 얻거나 의무만을 면하는 행위(제5조 제1항 단서) : 예컨대 부담 없는 증여의 승낙, 권리만을 얻게 하는 제3자를 위한 계약상의 수익의 의사표시, 친권자에 대한 부양청구권의 행사(판례), 채무면제의 청약에 대한 승낙, 자기가 주기로 한 증여계약의 해제 등과 같이 미성년자에게 이익만을 주는 행위는 미성년자가 단독으로 할 수 있다. 다만, 부담부 증여를 받는 행위, 경제적으로 유리한 매매계약을 체결하는 행위, 상속을 승인하는 행위 등과 같이 이익을 얻을 뿐만 아니라 의무도 부담하는 행위는 단독으로 하지 못한다. 그리고 미성년자가 채무의 변제를 수령하는 것도 이익을 얻는 것이지만 한편으로는 채권을 상실하게 되기 때문에 단독으로 하지 못한다(통설).

　㉡ **범위를 정하여 처분이 허락된 재산의 처분행위(제6조)**

> **제6조 【처분을 허락한 재산】** 법정대리인이 범위를 정하여 처분을 허락한 재산은 미성년자가 임의로 처분할 수 있다.

　　ⓐ 제6조에서 말하는 '범위를 정하여'의 의미와 관련하여 통설은 비록 처분을 허락한 재산의 사용목적(예 등록금)이 정하여져 있을지라도 그 목적과는 상관없이 임의로 처분할 수 있다고 한다(사용목적불구속설). 즉, 제6조의 범위는 목적의 범위가 아니라 재산의 범위를 의미한다.

　　ⓑ 처분이 허락된 재산의 처분으로 인한 후속행위, 예컨대 처분이 허락된 용돈으로 구입한 물건에 하자가 있는 경우 담보책임을 묻는 것도 단독으로 가능하다고 본다.

　㉢ **영업이 허락된 경우 그 영업에 관한 행위(제8조)**

> **제8조 【영업의 허락】** ① 미성년자가 법정대리인으로부터 허락을 얻은 특정한 영업에 관하여는 성년자와 동일한 행위능력이 있다.

　　ⓐ '영업에 관하여'란, 영업을 하는데 직접·간접으로 필요한 행위를 포함한다(예 전자 대리점의 영업을 허락하는 경우에 있어 물건의 구입 및 판매, 점원의 채용 등).

　　ⓑ 영업의 허락이 있으면 그 영업에 관하여는 '성년자와 동일한 행위능력이 있다'는 것은 그 범위에서 법정대리인의 동의를 필요로 하지 않을 뿐만 아니라 법정대리인의 대리권도 소멸함을 의미한다(통설).

　㉣ 대리행위(제117조) : 대리인은 행위능력자임을 요하지 않으므로 미성년자라도 유효한 대리행위를 할 수 있다.

PART · 02

　　　ⓜ **유언**: 제5조는 유언에 관하여는 적용되지 않으며(제1062조), 17세에 달한 자는 유언능력이 있다(제1061조).

　　　ⓗ **무한책임사원으로서의 행위**: 법정대리인의 허락을 얻어 회사의 무한책임사원이 된 미성년자가 그 사원 자격에 기하여 하는 행위는 미성년자가 단독으로 할 수 있다(상법 제7조).

　　　ⓢ **근로계약의 체결(견해대립)과 임금청구**: 친권자 또는 후견인은 미성년자의 근로계약을 대리할 수 없다(근로기준법 제67조 제1항). 그럼 근로계약은 미성년자가 단독으로 체결할 수 있는가에 대해 법정대리인의 동의를 얻어 미성년자가 체결해야 한다는 동의필요설이 다수설이다. 반면, 미성년자는 독자적으로 임금을 청구할 수 있다(근로기준법 제68조).

　　　ⓞ **제한능력을 이유로 한 취소권의 행사**: 미성년자는 법정대리인의 동의를 받지 않고 한 법률행위를 취소할 수 있는데, 이러한 취소를 함에 있어서는 법정대리인의 동의 없이 단독으로 할 수 있다.

　③ **동의와 허락의 취소 또는 제한**

> **제7조 【동의와 허락의 취소】** 법정대리인은 미성년자가 아직 법률행위를 하기 전에는 전2조의 동의와 허락을 취소할 수 있다.
> **제8조 【영업의 허락】** ② 법정대리인은 전항의 허락을 취소 또는 제한할 수 있다. 그러나 선의의 제3자에게 대항하지 못한다.

　　　ⓘ **동의와 재산처분허락의 취소**: 법정대리인은 미성년자가 아직 법률행위를 하기 전에는 그가 행한 동의(제5조)나 일정 범위의 재산처분에 대한 허락(제6조)을 취소할 수 있다(제7조). 취소의 의사표시를 미성년자에게 한 경우에 영업허락의 취소에 관한 규정(제8조 제2항 단서)과의 균형상 선의의 제3자에게 대항하지 못한다(통설).

　　　ⓛ **영업허락의 취소·제한**: 법정대리인은 그가 행한 영업의 허락을 취소 또는 제한할 수 있다(제8조 제2항 본문). 이러한 영업허락의 취소 또는 제한은 선의의 제3자에게 대항하지 못한다(제8조 제2항 단서). 따라서 영업허락 취소 후에 미성년자가 이를 알지 못하는 제3자와 영업에 관한 행위를 한 경우, 그 행위는 취소할 수 없다.

(3) **미성년자의 법정대리인**

① **법정대리인이 되는 자**: 미성년자의 법정대리인은 1차적으로 친권자이고(제911조), 미성년자에게 친권자가 없거나 친권자가 법률행위의 대리권과 재산관리권을 행사할 수 없는 경우에는 2차적으로 미성년후견인을 두어야 한다(제928조). 미성년자에게 친권을 행사하는 부모는 유언으로 미성년후견인을 지정할 수 있다(제931조 제1항 본문). 가정법원은 제931조에 따라 지정된 미성년후견인이 없는 경우에는 직권으로 또는 미성년자, 친족, 이해관계인, 검사, 지방자치단체의 장의 청구에 의하여 미성년후견인을 선임한다(제932조 제1항).

② **법정대리인의 권한**

  ㉠ **동의권**: 미성년자는 원칙적으로 법정대리인의 동의를 얻어서 유효한 법률행위를 할 수 있으므로 법정대리인은 동의권을 가진다(제5조 제1항 본문).

  ㉡ **대리권**: 법정대리인은 미성년자를 대리하여 재산상의 법률행위를 할 수 있다(제920조·제949조). 대리권은 동의권과 병존하므로 동의를 준 행위를 대리할 수 있다. 다만, 영업허락의 경우(제8조 제1항)에는 그 범위에서 대리권도 소멸한다.

  ㉢ **취소권**: 법정대리인은 미성년자가 동의를 얻지 않고서 한 법률행위를 취소할 수 있다(제5조 제2항, 제140조 이하).

## 3. 피성년후견인

### (1) 피성년후견인의 의의

피성년후견인이란 질병, 장애, 노령, 그 밖의 사유로 인한 정신적 제약으로 사무를 처리할 능력이 지속적으로 결여된 사람으로서 가정법원으로부터 성년후견개시의 심판을 받은 자를 말한다.

### (2) 성년후견의 개시

> **제9조【성년후견개시의 심판】** ① 가정법원은 질병, 장애, 노령, 그 밖의 사유로 인한 정신적 제약으로 사무를 처리할 능력이 지속적으로 결여된 사람에 대하여 본인, 배우자, 4촌 이내의 친족, 미성년후견인, 미성년후견감독인, 한정후견인, 한정후견감독인, 특정후견인, 특정후견감독인, 검사 또는 지방자치단체의 장의 청구에 의하여 성년후견개시의 심판을 한다.
> ② 가정법원은 성년후견개시의 심판을 할 때 본인의 의사를 고려하여야 한다.

### (3) 피성년후견인의 행위능력

> **제10조 【피성년후견인의 행위와 취소】** ① 피성년후견인의 법률행위는 취소할 수 있다.
> ② 제1항에도 불구하고 가정법원은 취소할 수 없는 피성년후견인의 법률행위의 범위를 정할 수 있다.
> ③ 가정법원은 본인, 배우자, 4촌 이내의 친족, 성년후견인, 성년후견감독인, 검사 또는 지방자치단체의 장의 청구에 의하여 제2항의 범위를 변경할 수 있다.
> ④ 제1항에도 불구하고 일용품의 구입 등 일상생활에 필요하고 그 대가가 과도하지 아니한 법률행위는 성년후견인이 취소할 수 없다.

### (4) 성년후견인

① 가정법원의 성년후견개시의 심판이 있는 경우에는 그 심판을 받은 사람의 성년후견인을 두어야 한다(제929조). 성년후견인은 피후견인의 법정대리인이 된다(제938조 제1항). 성년후견인은 피후견인의 재산을 관리하고 그 재산에 관한 법률행위에 대하여 피후견인을 대리한다(제949조 제1항).

② 성년후견인은 가정법원이 직권으로 선임한다(제936조 제1항). 성년후견인은 피성년후견인의 신상과 재산에 관한 모든 사정을 고려하여 여러 명을 둘 수 있다(제930조 제2항). 법인도 성년후견인이 될 수 있다(제930조 제3항).

③ 가정법원은 필요하다고 인정하면 직권으로 또는 피성년후견인, 친족, 성년후견인, 검사, 지방자치단체의 장의 청구에 의하여 성년후견감독인을 선임할 수 있다(제940조의4 제1항).

### (5) 성년후견의 종료

> **제11조 【성년후견종료의 심판】** 성년후견개시의 원인이 소멸된 경우에는 가정법원은 본인, 배우자, 4촌 이내의 친족, 성년후견인, 성년후견감독인, 검사 또는 지방자치단체의 장의 청구에 의하여 성년후견 종료의 심판을 한다.

---

**판례**

[1] 한정후견의 개시를 청구한 사건에서 의사의 감정 결과 등에 비추어 성년후견 개시의 요건을 충족하고 본인도 성년후견의 개시를 희망한다면 법원이 성년후견을 개시할 수 있고, 성년후견 개시를 청구하고 있더라도 필요하다면 한정후견을 개시할 수 있다고 보아야 한다.

[2] 피성년후견인이나 피한정후견인이 될 사람의 정신상태를 판단할 만한 다른 충분한 자료가 있는 경우 가정법원은 의사의 감정이 없더라도 성년후견이나 한정후견을 개시할 수 있다(대결 2021. 6. 10, 자 2020스596).

---

## 4. 피한정후견인

### (1) 피한정후견인의 의의

피한정후견인이란 질병, 장애, 노령, 그 밖의 사유로 인한 정신적 제약으로 사무를 처리할 능력이 부족한 사람으로서 가정법원으로부터 한정후견개시의 심판을 받은 자를 말한다.

### (2) 한정후견의 개시

> **제12조【한정후견개시의 심판】** ① 가정법원은 질병, 장애, 노령, 그 밖의 사유로 인한 정신적 제약으로 사무를 처리할 능력이 부족한 사람에 대하여 본인, 배우자, 4촌 이내의 친족, 미성년후견인, 미성년후견감독인, 성년후견인, 성년후견감독인, 특정후견인, 특정후견감독인, 검사 또는 지방자치단체의 장의 청구에 의하여 한정후견개시의 심판을 한다.
> ② 한정후견개시의 경우에 제9조 제2항을 준용한다.

### (3) 피한정후견인의 행위능력

> **제13조【피한정후견인의 행위와 동의】** ① 가정법원은 피한정후견인이 한정후견인의 동의를 받아야 하는 행위의 범위를 정할 수 있다.
> ② 가정법원은 본인, 배우자, 4촌 이내의 친족, 한정후견인, 한정후견감독인, 검사 또는 지방자치단체의 장의 청구에 의하여 제1항에 따른 한정후견인의 동의를 받아야만 할 수 있는 행위의 범위를 변경할 수 있다.
> ③ 한정후견인의 동의를 필요로 하는 행위에 대하여 한정후견인이 피한정후견인의 이익이 침해될 염려가 있음에도 그 동의를 하지 아니하는 때에는 가정법원은 피한정후견인의 청구에 의하여 한정후견인의 동의를 갈음하는 허가를 할 수 있다.
> ④ 한정후견인의 동의가 필요한 법률행위를 피한정후견인이 한정후견인의 동의 없이 하였을 때에는 그 법률행위를 취소할 수 있다. 다만, 일용품의 구입 등 일상생활에 필요하고 그 대가가 과도하지 아니한 법률행위에 대하여는 그러하지 아니하다.

### (4) 한정후견인

① 가정법원의 한정후견개시의 심판이 있는 경우에는 그 심판을 받은 사람의 한정후견인을 두어야 한다(제959조의2). 가정법원은 한정후견인에게 대리권을 수여하는 심판을 할 수 있다(제959조의4).

② 가정법원은 필요하다고 인정하면 직권으로 또는 피한정후견인, 친족, 한정후견인, 검사, 지방자치단체의 장의 청구에 의하여 한정후견감독인을 선임할 수 있다(제959조의5).

### (5) 한정후견의 종료

> **제14조 【한정후견종료의 심판】** 한정후견개시의 원인이 소멸된 경우에는 가정법원은 본인, 배우자, 4촌 이내의 친족, 한정후견인, 한정후견감독인, 검사 또는 지방자치단체의 장의 청구에 의하여 한정후견종료의 심판을 한다.

## 5. 피특정후견인

### (1) 피특정후견인의 의의

피특정후견인이란 질병, 장애, 노령, 그 밖의 사유로 인한 정신적 제약으로 일시적 후원 또는 특정한 사무에 관한 후원이 필요한 사람으로서 가정법원으로부터 특정후견의 심판을 받은 자를 말한다.

### (2) 특정후견의 심판

> **제14조의2 【특정후견의 심판】** ① 가정법원은 질병, 장애, 노령, 그 밖의 사유로 인한 정신적 제약으로 일시적 후원 또는 특정한 사무에 관한 후원이 필요한 사람에 대하여 본인, 배우자, 4촌 이내의 친족, 미성년후견인, 미성년후견감독인, 검사 또는 지방자치단체의 장의 청구에 의하여 특정후견의 심판을 한다.
> ② 특정후견은 본인의 의사에 반하여 할 수 없다.
> ③ 특정후견의 심판을 하는 경우에는 특정후견의 기간 또는 사무의 범위를 정하여야 한다.

### (3) 특정후견인

① 가정법원은 피특정후견인의 후원을 위하여 필요한 처분을 명할 수 있다(제959조의8). 가정법원은 이러한 처분으로 피특정후견인을 후원하거나 대리하기 위한 특정후견인을 선임할 수 있다(제959조의9). 피특정후견인의 후원을 위하여 필요하다고 인정하면 가정법원은 기간이나 범위를 정하여 특정후견인에게 대리권을 수여하는 심판을 할 수 있다(제959조의11 제1항).

② 가정법원은 필요하다고 인정하면 직권으로 또는 피특정후견인, 친족, 특정후견인, 검사, 지방자치단체의 장의 청구에 의하여 특정후견감독인을 선임할 수 있다(제959조의10 제1항).

## 6. 제한능력자의 상대방을 보호하는 제도

### (1) 상대방의 확답을 촉구할 권리

> **제15조【제한능력자의 상대방의 확답을 촉구할 권리】** ① 제한능력자의 상대방은 제한능력자가 능력자가 된 후에 그에게 1개월 이상의 기간을 정하여 그 취소할 수 있는 행위를 추인할 것인지 여부의 확답을 촉구할 수 있다. 능력자로 된 사람이 그 기간 내에 확답을 발송하지 아니하면 그 행위를 추인한 것으로 본다.
> ② 제한능력자가 아직 능력자가 되지 못한 경우에는 그의 법정대리인에게 제1항의 촉구를 할 수 있고, 법정대리인이 그 정하여진 기간 내에 확답을 발송하지 아니한 경우에는 그 행위를 추인한 것으로 본다.
> ③ 특별한 절차가 필요한 행위는 그 정하여진 기간 내에 그 절차를 밟은 확답을 발송하지 아니하면 취소한 것으로 본다.

### (2) 상대방의 철회권과 거절권

> **제16조【제한능력자의 상대방의 철회권과 거절권】** ① 제한능력자가 맺은 계약은 추인이 있을 때까지 상대방이 그 의사표시를 철회할 수 있다. 다만, 상대방이 계약 당시에 제한능력자임을 알았을 경우에는 그러하지 아니하다.
> ② 제한능력자의 단독행위는 추인이 있을 때까지 상대방이 거절할 수 있다.
> ③ 제1항의 철회나 제2항의 거절의 의사표시는 제한능력자에게도 할 수 있다.

### (3) 제한능력자의 속임수에 의한 취소권의 박탈

> **제17조【제한능력자의 속임수】** ① 제한능력자가 속임수로써 자기를 능력자로 믿게 한 경우에는 그 행위를 취소할 수 없다.
> ② 미성년자나 피한정후견인이 속임수로써 법정대리인의 동의가 있는 것으로 믿게 한 경우에도 제1항과 같다.

**판례**

1. 민법 제17조의 사술을 쓴 것이라 함은 적극적으로 사기수단을 쓴 것을 말하는 것이고 단순히 자기가 능력자라 사언함은 사술을 쓴 것이라 할 수 없다 할 것이므로, 미성년자가 매매계약 당시 스스로 사장이라고 말하였다거나 또는 동석한 제3자가 상대방에 대하여 그 미성년자를 회사의 사장이라고 호칭한 사실이 있었다 하더라도, 이것만으로서는 이른바 사술을 쓴 경우에 해당되지 아니한다(대판 1971. 12. 14, 71다2045).
2. 매매 당시 미성년자가 상대방에게 성년자로 군대에 갔다 왔다고 언명한 사실이 있다 하더라도 이것만으로서는 소위 사술을 썼다고 할 수 없다(대판 1954. 3. 31, 54다77).

## 03 주소

### 1. 주소의 의의

> **제18조【주소】** ① 생활의 근거되는 곳을 주소로 한다.
> ② 주소는 동시에 두 곳 이상 있을 수 있다.

### 2. 주소에 관한 입법주의

#### (1) 민법의 태도

우리 민법은 실질주의·객관주의·복수주의를 취하고 있다. 따라서 의사무능력자도 주소를 가질 수 있으며(객관주의), 동시에 두 곳 이상을 주소로 정할 수 있다(복수주의).

#### (2) 주소와 구별할 개념

① **주민등록지**: 주민등록지는 30일 이상 거주할 목적으로 일정한 장소에 주소 또는 거소를 가진 자가 주민등록법에 의하여 등록한 장소이다. 주민등록지는 공법상의 개념으로 민법상의 주소와 다르나, 반증이 없는 한 주소로 추정된다.

② **등록기준지**: 가족관계등록부상의 등록기준지는 주소와는 무관한 개념이다. 출생 또는 그 밖의 사유로 처음으로 등록을 하는 경우에는 등록기준지를 정하여 신고하여야 한다. 등록기준지는 대법원규칙이 정하는 절차에 따라 변경할 수 있다(가족관계등록 등에 관한 법률 제10조).

### 3. 거소·가주소

#### (1) 거소

> **제19조【거소】** 주소를 알 수 없으면 거소를 주소로 본다.
> **제20조【거소】** 국내에 주소 없는 자에 대하여는 국내에 있는 거소를 주소로 본다.

#### (2) 가주소

> **제21조【가주소】** 어느 행위에 있어서 가주소를 정한 때에는 그 행위에 관하여는 이를 주소로 본다.

## 04 부재와 실종

### 1. 부재자의 재산관리

#### (1) 부재자의 의의

① 부재자(不在者)란 '종래의 주소나 거소를 떠나 당분간 돌아올 가망이 없어서 종래의 주소나 거소에 있는 그의 재산이 관리되지 못하고 방치된 상태에 있는 자'를 말한다.

② 부재자가 제한능력자이어서 그 재산을 관리할 법정대리인이 법률상 당연히 존재하거나, 부재자가 스스로 관리인을 두었을 때에는 원칙적으로 국가가 간섭할 필요가 없다. 민법도 부재자 자신이 재산관리인을 둔 경우와 두지 않은 경우로 나누어, 전자의 경우에는 원칙적으로 관여하지 않고 예외적으로만 법원이 관여하도록 하고, 후자의 경우에는 법원이 전면적으로 관여하도록 하고 있다.

#### (2) 부재자가 재산관리인을 두지 않은 경우

① 재산관리에 필요한 처분의 명령

> **제22조 【부재자의 재산의 관리】** ① 종래의 주소나 거소를 떠난 자가 재산관리인을 정하지 아니한 때에는 법원은 이해관계인이나 검사의 청구에 의하여 재산관리에 관하여 필요한 처분을 명하여야 한다. 본인의 부재중 재산관리인의 권한이 소멸한 때에도 같다.
> ② 본인이 그 후에 재산관리인을 정한 때에는 법원은 본인, 재산관리인, 이해관계인 또는 검사의 청구에 의하여 전항의 명령을 취소하여야 한다.

㉠ 청구권자의 청구 : 이해관계인은 부재자의 재산의 보존에 법률상 이해관계를 가지는 자를 의미하며(추정상속인, 배우자, 부양청구권자, 채권자, 연대채무자, 보증인 등) 사실상의 이해관계인은 포함되지 않는다. 법정대리인이 있으면 재산관리인이 별도로 필요가 없으므로 제한능력자의 법정대리인은 청구권자에 포함되지 아니한다.

㉡ 처분의 내용 : 가정법원이 명하는 재산관리에 필요한 처분에는 재산관리인을 선임하는 것이 보통이며, 그 외에 부재자 재산의 매각 등이 있다.

② 법원이 선임한 재산관리인의 지위

> **제25조 【관리인의 권한】** 법원이 선임한 재산관리인이 제118조에 규정한 권한을 넘는 행위를 함에는 법원의 허가를 얻어야 한다. 부재자의 생사가 분명하지 아니한 경우에 부재자가 정한 재산관리인이 권한을 넘는 행위를 할 때에도 같다.

㉠ 성질 : 법원에 의해 선임된 재산관리인은 부재자 본인의 의사에 의하여 선임되는 것이 아니므로 일종의 법정대리인이다.

ⓛ 권한

ⓐ 법원이 선임한 재산관리인은 제118조의 관리행위(보존행위 및 물건이나 권리의 성질을 변하지 아니하는 범위에서 그 이용 또는 개량하는 행위)를 자유롭게 할 수 있다.

ⓑ 제118조에 규정한 권한을 넘는 처분행위(부재자의 부동산을 매각하거나 저당권을 설정하는 행위)를 함에는 가정법원의 허가를 얻어야 한다(제25조). 그러한 허가 없이 한 처분행위는 무권대리로서 무효이다(판례).

ⓒ 법원이 처분을 허가함에 있어 매각방법에 관하여 하등 제한이 없는 경우에는 재산관리인이 임의로 정할 수 있다.

ⓓ 법원의 부재자 재산관리인의 초과행위결정의 효력은 그 허가받은 재산에 대한 장래의 처분행위뿐만 아니라 기왕의 처분행위를 추인하는 행위로도 할 수 있다(판례).

ⓔ 법원의 허가를 얻어 처분행위를 하는 경우에 있어서도 그 행위는 부재자를 위한 범위에 한정된다(판례).

ⓕ 부재자 재산관리인이 매각을 허가받은 재산을 매도담보 또는 대물변제로 공하거나 이에 저당권을 설정함에는 다시 법원의 허가를 받을 필요가 없다(판례).

**판례**

1. 법원이 선임한 부재자 재산관리인은 일종의 법정대리인으로서 법정위임 관계가 있다 할 것이니 선량한 관리자의 주의의무로서 그 직무수행을 하여야 할 것이다(대결 1976. 12. 21, 자 75마551).

2. 부동산소유권이전등기 말소등기절차 이행청구나 인도청구는 보존행위에 불과한 것이므로 법원에 의하여 선임된 부재자 재산관리인은 법원의 허가 없이 이를 할 수 있다(대판 1964. 7. 23, 64다108).

3. 부재자의 재산에 대한 임료청구 또는 불법행위로 인한 손해배상청구는 부재자 재산관리인으로서 당연히 그 권한이 있는 것이므로 권한 외의 초과행위의 허가를 요하지 아니한다(대결 1957. 10. 14, 4290민재항104).

4. 부재자 재산관리인이 부재자를 위한 소송비용 때문에 피고로부터 돈을 차용하고, 그 돈을 임대보증금으로 하여 임야를 골프장을 하는 피고에게 임대하였다면, 이는 민법 제118조 소정의 물건의 성질을 변하지 아니한 이용 또는 개량행위로서 법원의 허가를 요하지 아니한다(대판 1980. 11. 11, 79다2164).

5. 민법 제22조의 부재자 재산관리인이 제118조에 규정한 권한을 넘는 행위를 함에는 민법 제25조에 의하여 법원의 허가를 얻어야 할 것이고 따라서 원고의 재산관리인이 법원의 허가를 얻지 않고 한 본건 재판상 화해는 민사소송법상 재심사유에 해당한다(대판 1968. 4. 30, 67다2117). 그러나 부재자의 권리보존에 전적으로 이익이 되는 내용의 재판상 화해에는 법원의 허가가 필요없다(대판 1962. 11. 1, 62다582).

6. [1] 부재자 재산관리인의 부재자 소유 부동산에 대한 매매계약에 관하여 부재자 재산관리인이 권한을 초과하여서 체결한 것으로 법원의 허가를 받지 아니하여 무효라는 이유로 소유권이전등기절차의 이행청구가 기각되어 확정되었다고 하더라도, 패소판결의 확정 후에 위 권한초과행위에 대하여 법원의 허가를 받게 되면 다시 위 매매계약에 기한 소유권이전등기청구의 소를 제기할 수 있다.

[2] 법원의 선임에 의한 부재자 재산관리인이 권한을 초과하여서 체결한 부동산 매매계약에 관하여 '허가신청절차를 이행할 것을 약정하는 것은 관리권한행위에 해당한다'고 할 것이고, 이러한 약정을 이행하지 아니하는 경우 매수인으로서는 재산관리인을 상대로 하여 그 이행을 소구할 수 있다(대판 2002. 1. 11, 2001다41971).

7. 소송서류의 송달을 부재자 재산관리인에게 하지 아니하고 부재자 본인을 상대로 한 공시송달의 효력: 법원에 의하여 부재자 재산관리인의 선임이 있는 경우에는 부재자를 위하여 <u>그 재산관리인만이 또는 그 재산관리인에게 대하여서만 송달 등 소송행위를 할 수 있다</u>(대판 1968. 12. 24, 68다2021)

ⓒ 의무: 재산관리인은 법정대리인이지만, 그 직무의 성질상 위임의 규정이 준용된다(통설). 따라서 재산관리인은 선량한 관리자의 주의로 직무를 처리하여야 하며(제681조), 부재자가 사망한 경우에도 일정 기간까지는 그 직무를 수행해야 한다(제691조).

ⓔ 권리: 재산관리인은 보수청구권을 갖는다(제26조 제2항). 또한 재산관리인은 비용상환청구권을 갖는다(제24조 제4항). 그 범위는 수임인의 비용상환청구권과 같다고 해석한다. 즉, 재산관리를 위하여 지출한 필요비와 그 이자의 반환 및 과실 없이 받은 손해의 배상 등을 청구할 수 있다(제688조).

> **제24조【관리인의 직무】** ① 법원이 선임한 재산관리인은 관리할 재산목록을 작성하여야 한다.
> ② 법원은 그 선임한 재산관리인에 대하여 부재자의 재산을 보존하기 위하여 필요한 처분을 명할 수 있다.
> ③ 부재자의 생사가 분명하지 아니한 경우에 이해관계인이나 검사의 청구가 있는 때에는 법원은 부재자가 정한 재산관리인에게 전2항의 처분을 명할 수 있다.
> ④ 전3항의 경우에 그 비용은 부재자의 재산으로써 지급한다.
> **제26조【관리인의 담보제공, 보수】** ① 법원은 그 선임한 재산관리인으로 하여금 재산의 관리 및 반환에 관하여 상당한 담보를 제공하게 할 수 있다.
> ② 법원은 그 선임한 재산관리인에 대하여 부재자의 재산으로 상당한 보수를 지급할 수 있다.
> ③ 전2항의 규정은 부재자의 생사가 분명하지 아니한 경우에 부재자가 정한 재산관리인에 준용한다.

③ **재산관리의 종료**

ⓐ ⓐ 부재자 본인이 그 후에 재산관리인을 정한 때에는 법원은 본인, 재산관리인, 이해관계인 또는 검사의 청구에 의하여 재산관리에 관한 처분명령을 취소하여야 한다(제22조 제2항). 또한 ⓑ 부재자 본인이 스스로 그 재산을 관리하게 된 때 또는 ⓒ 부재자의 사망이 분명하게 되거나 ⓓ 실종선고가 있는 때에는 본인 또는 이해관계인의 청구에 의해 그 명한 처분을 취소하여야 한다(가사소송규칙 제50조).

ⓑ 처분명령을 취소하면 재산관리는 종료한다. 이 경우의 취소는 소급효가 없다. 따라서 선임결정 후 그 취소 전에 행한 재산관리인의 권한 내의 행위는 유효하다.

**판례**

1. 법원에 의하여 부재자 재산관리인의 선임결정이 있는 이상, 가사 부재자가 그 이전에 이미 사망하였음이 밝혀졌다 하여도 법에 의한 절차에 따라 그 선임결정이 취소되지 않는 한 선임된 관리인의 권한은 당연히 소멸되지는 아니하고 그 선임결정이 취소된 경우에도 그 취소의 효력은 장래에 향하여서만 생기는 것이고 그간의 그 부재자 재산관리인의 적법한 권한행사의 효과는 이미 사망한 부재자의 재산상속인에게 미친다(대판 1973. 3. 13, 72다1405).
2. 부재자 재산관리인으로서 권한초과행위의 허가를 받고 그 선임결정이 취소되기 전에 위 권한에 의하여 이루어진 행위는 부재자에 대한 실종 선고기간이 만료된 뒤에 이루어졌다고 하더라도 유효하다(대판 1981. 7. 28, 80다2668).

## (3) 부재자가 재산관리인을 둔 경우

① **원칙(법원의 불간섭)**: 부재자가 둔 재산관리인은 부재자의 수임인이며 또한 부재자의 임의대리인이므로, 그 권한 및 관리방법은 당사자 간의 계약(제680조 이하)에 의하여 정해진다.

② **예외(법원의 간섭이 필요한 경우)**

> **제23조【관리인의 개임】** 부재자가 재산관리인을 정한 경우에 부재자의 생사가 분명하지 아니한 때에는 법원은 재산관리인, 이해관계인 또는 검사의 청구에 의하여 재산관리인을 개임할 수 있다.

㉠ '본인의 부재중 재산관리인의 권한이 소멸한 때'에는 부재자가 처음부터 재산관리인을 두지 않은 경우와 같은 조치를 취한다(제22조 제1항 후문).

㉡ '부재자의 생사가 불명한 때'에는 재산관리인·이해관계인 또는 검사의 청구에 의하여 재산관리인을 개임할 수 있다(제23조). 따라서 개임하지 않고 감독만 할 수도 있다. 이 경우에 개임된 재산관리인의 권한과 관리방법 등은 부재자가 재산관리인을 두지 않은 경우에서와 같다.

**판례**

부재자가 6·25사변 전부터 가사 일체와 재산의 관리 및 처분의 권한을 그 母인 甲에 위임하였다 가정하더라도 甲이 부재자의 실종 후 법원에 신청하여 동 부재자의 재산관리인으로 선임된 경우에는 부재자의 생사가 분명하지 아니하여 민법 제23조의 규정에 의한 개임이라고 보지 못할 바 아니므로 이때부터 부재자의 위임에 의한 甲의 재산관리 처분권한은 종료되었다고 봄이 상당하고, 따라서 그 후 甲의 부재자 재산처분에 있어서는 민법 제25조에 따른 권한초과행위 허가를 받아야 하며 그 허가를 받지 아니하고 한 부재자의 재산매각은 무효이다(대판 1977. 3. 22, 76다1437).

## 2. 실종선고

### (1) 실종선고의 의의

민법은 부재자의 생사불명상태가 일정 기간 계속된 때에는, 가정법원의 선고에 의하여 부재자를 사망한 것으로 보고, 남은 배우자의 재혼과 상속인의 상속 등 종래의 주소나 거소를 중심으로 한 법률관계를 확정하는 실종선고제도를 두고 있다.

### (2) 실종선고의 요건

> **제27조 【실종의 선고】** ① 부재자의 생사가 5년간 분명하지 아니한 때에는 법원은 이해관계인이나 검사의 청구에 의하여 실종선고를 하여야 한다.
> ② 전지에 임한 자, 침몰한 선박 중에 있던 자, 추락한 항공기 중에 있던 자 기타 사망의 원인이 될 위난을 당한 자의 생사가 전쟁종지 후 또는 선박의 침몰, 항공기의 추락 기타 위난이 종료한 후 1년간 분명하지 아니한 때에도 제1항과 같다.

① 부재자의 생사가 일정 기간 동안 불분명하여야 한다.

　㉠ **부재자의 생사 불분명** : 실종선고청구자와 법원에 대해 생사 불분명이면 된다.

　㉡ **실종기간의 경과**

　　ⓐ **보통실종** : 보통실종의 기간은 5년이며(제27조 제1항), 그 기간의 기산점은 민법에 정해져 있지 않으나, 부재자의 생존을 증명할 수 있는 최후의 시기(예컨대 최후의 소식이 있었던 때)로 해석한다(통설).

　　ⓑ **특별실종** : 특별실종의 기간은 1년이며(제27조 제2항), 그 기간의 기산점은 ⅰ) 전지에 임한 자(전쟁실종)는 전쟁이 종지한 때 ⅱ) 침몰한 선박 중에 있던 자(선박실종)는 선박이 침몰한 때 ⅲ) 추락한 항공기 중에 있던 자(항공기실종)는 항공기가 추락한 때 ⅳ) 기타 사망의 원인이 될 위난을 당한 자(위난실종)는 그 위난이 종료한 때이다.

② 이해관계인 또는 검사의 청구가 있어야 한다. : 이해관계인이란 배우자, 추정상속인, 유증의 수증자, 법정대리인, 부재자의 재산관리인, 생명보험금 수취인 등과 같이 실종선고를 청구하는 데 법률상 이해관계를 가지는 자, 즉 실종선고에 의하여 직접적으로 신분상 또는 경제상의 권리를 취득하거나 의무를 면하게 되는 자를 말하며, 단순히 사실상 이해관계를 가지는 자는 포함되지 않는다. 예컨대, 선순위의 재산상속인이 있는 경우에 후순위의 상속인은 실종선고를 청구할 수 있는 이해관계인에 들어가지 않는다(판례).

③ 실종선고를 내리기 전에 공시최고의 절차를 거쳐야 한다. 실종선고의 청구를 받은 가정법원은 6개월 이상의 기간을 정하여 부재자 및 부재자의 생사를 아는 자에 대하여 신고하도록 공고하고, 이 공시최고기간이 경과할 때까지 신고가 없으면 반드시 실종선고를 하여야 한다.

### (3) 실종선고의 효과

> **제28조 【실종선고의 효과】** 실종선고를 받은 자는 전조의 기간이 만료한 때에 사망한 것으로 본다.

① **사망의 간주(의제)** : 실종선고를 받은 자는 사망한 것으로 간주되므로, 사망한 것으로 추정되는 경우와 달리 선고가 취소되지 않는 한 생존 기타의 반증을 들어서 선고의 효과를 다투지 못하며, 이 효과를 뒤집으려면 실종선고를 취소하여야 한다. 실종선고의 효과는 실종선고절차에 참가한 자뿐만 아니라 제3자에게도 미친다.

② **사망간주의 시기** : 우리 민법은 실종기간만료시주의를 채택하고 있다(제28조).

③ **사망간주의 범위** : 실종선고는 실종자의 '종래의 주소 또는 거소를 중심으로 하는 사법적 법률관계'만을 종료케 하는 것이며, 권리능력을 박탈하는 제도는 아니다. 즉, ㉠ 종래의 주소로 '돌아온 후의 법률관계'나 실종자의 '다른 곳에서의 신주소를 중심으로 하는 법률관계'에 관하여는 사망의 효과가 미치지 않으며, ㉡ 사법적 법률관계에 관한 것이므로 '공법상의 선거권·피선거권의 유무'나 '실종자의 또는 실종자에 대한 범죄의 성부' 등은 실종선고와는 관계없이 결정된다.

### (4) 실종선고의 취소

> **제29조 【실종선고의 취소】** ① 실종자의 생존한 사실 또는 전조의 규정과 상이한 때에 사망한 사실의 증명이 있으면 법원은 본인, 이해관계인 또는 검사의 청구에 의하여 실종선고를 취소하여야 한다. 그러나 실종선고 후 그 취소 전에 선의로 한 행위의 효력에 영향을 미치지 아니한다.
> ② 실종선고의 취소가 있을 때에 실종의 선고를 직접원인으로 하여 재산을 취득한 자가 선의인 경우에는 그 받은 이익이 현존하는 한도에서 반환할 의무가 있고, 악의인 경우에는 그 받은 이익에 이자를 붙여서 반환하고 손해가 있으면 이를 배상하여야 한다.

① **실종선고취소의 의의** : 실종선고에 의하여 실종자는 사망한 것으로 간주되므로 실종자의 생존 기타의 반증이 있어도 그것만으로 사망이라는 선고의 효과를 뒤집지 못하고, 그 선고의 효과를 뒤집기 위해서는 반드시 실종선고의 취소가 있어야 한다.

② **실종선고취소의 요건 및 절차**

㉠ 실질적 요건 : ⓐ 실종자가 생존하고 있는 사실(제29조 제1항 본문), ⓑ 실종기간이 만료된 때와 다른 시기에 사망한 사실(제29조 제1항 본문), ⓒ 실종기간의 기산점 이후의 어떤 시점에 생존하고 있었던 사실(명문의 규정은 없으나, 실종기간의 기산점이 달라져서 사망간주시기도 달라지므로 취소사유에 포함함이 통설) 중의 하나가 증명되어야 한다.

㉡ 형식적 요건 : 본인·이해관계인 또는 검사의 청구가 있어야 한다.

㉢ 절차 : 실종선고의 경우와 달리 실종선고의 취소에는 공시최고를 요하지 않는다.

③ **실종선고취소의 효과**

㉠ 원칙 ➡ 소급무효

실종선고가 취소되면 실종선고로 생긴 법률관계는 소급적으로 무효가 된다. 따라서 ⓐ 실종자의 생존을 이유로 취소된 때에는 그의 가족관계와 재산관계는 선고 전의 상태로 회복하게 되고, ⓑ 선고에 의한 사망시기와 다른 시기에 사망하였음을 이유로 취소하는 경우에는 그 시기를 표준으로 하여 다시 사망에 기한 법률관계가 확정되고, ⓒ 실종기간기산점 이후의 생존을 이유로 취소하는 경우에는 일단 선고 전의 상태로 회복하고, 만일에 이해관계인이 원하면 다시 새로운 실종선고를 청구할 수 있다.

㉡ 예외 ➡ 실종선고 후 그 취소 전에 선의로 한 행위

ⓐ 실종선고 후 그 취소 전에 '선의로 한 행위'는 실종선고의 취소에도 불구하고 여전히 유효하다고 보아 선의자를 보호하고 있다. 여기에 '실종기간만료 후 실종선고 전'에 한 행위는 포함되지 않는다.

ⓑ 선의로 한 행위의 의미

• 재산법상 계약의 경우, 양 당사자가 모두 선의인 경우에만 계약이 유효하고 일방 당사자라도 악의인 경우에는 무효로 된다는 쌍방선의설(다수설)이다.

• 신분행위(예 잔존배우자가 재혼한 경우)는 재혼의 당사자 쌍방이 모두 선의여야 보호받는다는 쌍방선의설이 다수설이다. 쌍방선의설에 따를 경우, 쌍방이 선의이면 실종선고가 취소되어도 그 재혼이 유효하고 전혼은 부활하지 않는다.

㉢ 실종선고를 직접원인으로 재산을 취득한 자의 반환의무(제29조 제2항)

ⓐ **반환의무자** : 실종선고를 '직접원인'으로 하여 재산을 취득한 자(실종자의 상속인, 실종자로부터 유증 또는 사인증여를 받은 자, 생명보험수익자 등)이다. 따라서 실종선고를 간접원인으로 하여 재산을 취득한 자인 전득자(상속인으로부터 상속재산을 매수한 자)는 포함되지 않는다.

ⓑ **반환범위** : 선의인 경우에는 그 받은 이익이 현존하는 한도에서 반환할 의무를 지고 그가 악의인 경우에는 그 받은 이익에 이자를 붙여 반환하고 그 밖에 손해가 있으면 그 손해도 배상하여야 한다(제29조 제2항). 그리고 생활비, 학비 등으로 지출한 경우에는 그만큼 취득자의 다른 재산의 감소가 방지되었으므로 그 한도에서는 이익은 현존하는 것으로 된다.

Chapter

# 03 법인

## 01 법인 서설

### 1. 법인의 의의

법인에는 일정한 목적하에 결합된 사람의 조직체로서 권리능력이 부여된 단체인 사단법인과, 일정한 목적에 바쳐진 재산으로서 권리능력이 부여된 재단법인이 있다.

### 2. 법인의 종류 – 영리법인과 비영리법인

① 영리법인은 구성원의 이익을 목적으로 하며 이익이 구성원에게 분배되는 법인을 말한다. 비영리법인은 영리 아닌 사업을 목적으로 하는 법인을 말한다. 영리 아닌 사업을 목적으로 한다는 것은 사업에 따른 이익을 구성원에게 분배하지 않는다는 의미이다.

② 재단법인은 이익을 분배해 줄 사원이 없기 때문에 항상 비영리법인이며, 사단법인은 영리법인일 수도 있고 비영리법인일 수도 있다.

## 02 법인의 설립

### 1. 비영리사단법인의 설립

#### (1) 설립요건

> **제32조【비영리법인의 설립과 허가】** 학술, 종교, 자선, 기예, 사교 기타 영리 아닌 사업을 목적으로 하는 사단 또는 재단은 주무관청의 허가를 얻어 이를 법인으로 할 수 있다.

① **목적의 비영리성**
② **설립행위 ➡ 정관작성**
  ㉠ 의의: 2인 이상의 설립자가 법인의 근본규칙을 정하여 이를 서면에 기재하고 기명날인하여야 한다(제40조).
  ㉡ 법적 성질: 사단법인의 설립행위는 서면에 의하는 요식행위이며 합동행위이다.

<u>사단법인의 정관은</u> 이를 작성한 사원뿐만 아니라 그 후에 가입한 사원이나 사단법인의 기관 등도 구속하는 점에 비추어 보면 그 <u>법적 성질은 계약이 아니라 자치법규</u>로 보는 것이 타당하므로, 이는 어디까지나 객관적인 기준에 따라 그 규범적인 의미 내용을 확정하는 <u>법규해석의 방법으로 해석되어야</u> 하는 것이지, 작성자의 주관이나 해석 당시의 사원의 다수결에 의한 방법으로 자의적으로 해석될 수는 없다 할 것이어서, <u>어느 시점의 사단법인의 사원들이 정관의 규범적인 의미 내용과 다른 해석을 사원총회의 결의라는 방법으로 표명하였다 하더라도 그 결의에 의한 해석은 그 사단법인의 구성원인 사원들이나 법원을 구속하는 효력이 없다</u>(대판 2000. 11. 24, 99다12437).

© 정관의 기재사항
ⓐ 필요적 기재사항 : 정관에 반드시 기재하여야 하고, 그중 어느 하나라도 누락되면 정관 전체가 무효로 되는 사항을 말한다(제40조).

> **제40조【사단법인의 정관】** 사단법인의 설립자는 다음 각 호의 사항을 기재한 정관을 작성하여 기명날인하여야 한다.
> 1. 목적
> 2. 명칭
> 3. 사무소의 소재지
> 4. 자산에 관한 규정
> 5. 이사의 임면에 관한 규정
> 6. 사원자격의 득실에 관한 규정
> 7. 존립시기나 해산사유를 정하는 때에는 그 시기 또는 사유

ⓑ 임의적 기재사항 : 그 밖의 사항도 정관에 기재할 수 있는데, 일단 정관에 기재되면 그 변경에 있어서는 정관변경의 절차를 거쳐야 한다.
③ **주무관청의 허가** : 주무관청의 허가가 있어야 한다(제32조).
④ **설립등기** : 법인의 그 밖의 등기는 제3자에 대한 대항요건이지만, 설립등기는 법인격을 취득하기 위한 성립요건이다.

> **제33조【법인설립의 등기】** 법인은 그 주된 사무소의 소재지에서 설립등기를 함으로써 성립한다.

## (2) 설립 중의 사단법인

① **의의** : 사단법인의 설립과정을 보면, ⓐ 설립자들이 법인설립을 목적으로 하는 합의를 하고, ⓑ 정관을 작성하여 법인으로서의 실체를 갖추게 되며, ⓒ 설립등기를 함으로써 법인격을 취득하게 된다. 위 ⓐ의 단계에 있는 것을 발기인 조합, ⓑ의 단계에 있는 것을 설립 중의 사단법인이라고 한다. 발기인조합은 민법상 조합(제703조)이지만, 설립 중의 사단법인은 권리능력 없는 사단이다.

② **발기인 조합 단계에서 취득한 권리 · 의무** : 발기인이 취득한 권리 · 의무는 구체적 사정에 따라 발기인 개인 또는 발기인 조합에 귀속되는 것으로서, 이들에게 귀속된 권리 · 의무를 설립 후의 사단법인에 귀속시키기 위해서는 양수나 채무인수 등의 특별한 이전행위가 있어야 한다.

③ **설립 중의 사단법인이 취득한 권리 · 의무** : 설립 중의 법인의 행위는 후에 성립한 법인과 실질적으로 동일하므로, 설립 중의 법인이 설립을 위하여 취득한 권리와 의무는 별도의 이전행위 없이도 법인성립과 동시에 그 법인에 당연히 귀속한다.


## 2. 비영리재단법인의 설립

(Ⅰ) **설립요건**

① **목적의 비영리성**

② **설립행위 ➡ 재산의 출연 + 정관의 작성**

㉠ **의의** : 재단법인을 설립하고자 하는 경우에는 일정한 재산을 출연(出捐)하고 일정한 사항이 기재된 정관을 작성하여 기명날인하여야 한다(제43조).

㉡ **법적 성질** : 재단법인의 설립행위는 요식행위이며, 상대방 없는 단독행위이다. 즉, 설립자가 1인인 경우에는 상대방 없는 단독행위이고, 2인 이상의 설립자가 공동으로 하나의 재단법인을 설립하는 경우에는 단독행위의 경합으로 본다(다수설).

㉢ **증여 및 유증에 관한 규정의 준용** : 재단법인의 설립은 생전처분과 유언으로 할 수 있는데, 모두 재산의 출연이 있어야 하고, 그 재산출연행위는 무상인 점에서 증여 및 유증에 관한 규정을 준용한다.

> **제47조【증여, 유증에 관한 규정의 준용】** ① 생전처분으로 재단법인을 설립하는 때에는 증여에 관한 규정을 준용한다.
> ② 유언으로 재단법인을 설립하는 때에는 유증에 관한 규정을 준용한다.

㉣ **재산의 출연 ➡ 출연재산의 귀속시기**

> **제48조【출연재산의 귀속시기】** ① 생전처분으로 재단법인을 설립하는 때에는 출연재산은 법인이 성립된 때로부터 법인의 재산이 된다.
> ② 유언으로 재단법인을 설립하는 때에는 출연재산은 유언의 효력이 발생한 때로부터 법인에 귀속한 것으로 본다.

출연재산은 제48조가 정한 시기에 당연히 재단법인에 귀속되는가, 아니면 출연재산이 부동산일 경우 등기(제186조), 동산이면 인도(제188조)라는 공시방법을 갖춘 때 귀속하는가가 문제된다.

**판례**⁺

재단법인을 설립함에 있어서 출연재산은 그 법인이 성립한 때로부터 법인에 귀속된다는 민법 제48조의 규정은 출연자와 법인과의 관계를 상대적으로 결정하는 기준에 불과하며, 출연재산이 부동산인 경우 출연자와 법인 사이에서는 법인의 성립 외에 등기를 필요로 하는 것은 아니나, 제3자에 대한 관계에서는 출연행위는 법률행위이므로 등기가 필요하다(대판 전합 1979. 12. 11, 78다481·482).

ㅁ 정관작성

> **제43조【재단법인의 정관】** 재단법인의 설립자는 일정한 재산을 출연하고 제40조 제1호 내지 제5호의 사항을 기재한 정관을 작성하여 기명날인하여야 한다.
> **제44조【재단법인의 정관의 보충】** 재단법인의 설립자가 그 명칭, 사무소 소재지 또는 이사 임면의 방법을 정하지 아니하고 사망한 때에는 이해관계인 또는 검사의 청구에 의하여 법원이 이를 정한다.

ⓐ 정관의 기재사항 : 제40조 제6호(사원자격의 득실에 관한 규정)와 제7호(법인의 존립시기나 해산시기)는 필요적 기재사항이 아니다.

ⓑ 정관의 보충 : 원칙적으로 필요적 기재사항 중 하나라도 빠지면 그 정관은 효력이 없다. 그런데 재단법인의 설립자가 필요적 기재사항 중 가장 중요한 목적과 자산만을 정하고, 그 밖의 비교적 경미한 사항을 정하지 않고서 사망한 경우에, 민법은 정관의 보충을 인정하여 법인을 성립시키는 길을 열어주고 있다(제44조). 그러나 필요적 기재사항 중 목적과 자산은 보충할 수 없다.

③ **주무관청의 허가**(제32조)
④ **설립등기**(제33조)

## 03 법인의 능력

### 1. 법인의 권리능력

> **제34조【법인의 권리능력】** 법인은 법률의 규정에 좇아 정관으로 정한 목적의 범위 내에서 권리와 의무의 주체가 된다.

#### (1) 법인의 권리능력의 의의

#### (2) 법인의 권리능력의 제한

① **성질에 의한 제한**: 법인도 자연인의 천연적 성질을 전제로 하지 않는 권리(재산권, 명예권, 신용권, 성명권 등)는 누릴 수 있다.

② **법률에 의한 제한**: 일반적으로 법인의 권리능력을 제한하는 법률은 없으며, 개별적인 제한이 있을 뿐이다. 즉, 민법 제81조(해산한 법인은 청산의 목적범위 내에서만 권리·의무를 부담한다) 등이 있다.

③ **목적에 의한 제한**: 법인은 정관으로 정한 목적의 범위 내에서 권리능력을 가진다(제34조).

### 2. 법인의 행위능력

법인의 권리능력의 범위에 속하는 행위를 법인의 대표기관이 하였을 때에, 그것은 법인의 행위로 된다. 법인의 행위능력의 범위는 그의 권리능력의 범위와 일치한다.

### 3. 법인의 불법행위능력

> **제35조【법인의 불법행위능력】** ① 법인은 이사 기타 대표자가 그 직무에 관하여 타인에게 가한 손해를 배상할 책임이 있다. 이사 기타 대표자는 이로 인하여 자기의 손해배상책임을 면하지 못한다.
> ② 법인의 목적범위 외의 행위로 인하여 타인에게 손해를 가한 때에는 그 사항의 의결에 찬성하거나 그 의결을 집행한 사원, 이사 및 기타 대표자가 연대하여 배상하여야 한다.

#### (1) 법인의 불법행위의 성립요건

① **대표기관의 행위일 것**: 법인의 불법행위가 성립하려면 법인의 대표기관의 행위이어야 한다. 대표기관에는 이사(제59조), 직무대행자(제52조의2·제60조의2), 임시이사(제63조), 특별대리인(제64조), 청산인(제82조·제83조)이 있다. 그러나 감사·사원총회와 같이 법인의 대표기관이 아닌 기관이나 이사가 선임한 특정행위의 대리인(제62조)이나 지배인 등의 불법행위에 관하여 제35조의 법인의 불법행위는 성립하지 않는다.

민법 제35조 제1항의 '법인의 대표자'에는 그 명칭이나 직위 여하, 또는 대표자로 등기되었는지 여부를 불문하고 당해 법인을 실질적으로 운영하면서 법인을 사실상 대표하여 법인의 사무를 집행하는 사람을 포함한다(대판 2011. 4. 28, 2008다15438).

② **대표기관이 직무에 관하여 타인에게 손해를 가하였을 것** : 대표기관의 행위가 직무에 관한 행위에 해당하는지 여부는 이른바 외형이론에 의해 판단된다.

1. 법인이 그 대표자의 불법행위로 인하여 손해배상의무를 지는 것은 그 대표자의 직무에 관한 행위로 인하여 손해가 발생한 것임을 요한다 할 것이나, 그 직무에 관한 것이라는 의미는 행위의 외형상 법인의 대표자의 직무행위라고 인정할 수 있는 것이라면 설사 그것이 대표자 개인의 사리를 도모하기 위한 것이었거나 혹은 법령의 규정에 위배된 것이었다 하더라도 위의 직무에 관한 행위에 해당한다고 보아야 한다(대판 2004. 2. 27, 2003다15280).
2. 법인의 대표자의 행위가 직무에 관한 행위에 해당하지 아니함을 피해자 자신이 알았거나 또는 중대한 과실로 인하여 알지 못한 경우에는 법인에 손해배상책임을 물을 수 없다(대판 2004. 3. 26, 2003다34045).

③ **대표기관의 행위가 일반불법행위의 요건을 갖출 것** : 법인의 불법행위가 성립하려면 대표기관의 행위가 민법 제750조가 요구하는 일반불법행위의 성립요건을 갖추어야 한다.

⑵ **법인의 불법행위의 효과**

① **법인의 불법행위가 성립하는 경우(제35조 제1항)** : 법인의 불법행위가 성립하면, 법인은 피해자에 대하여 손해배상책임을 진다. 법인의 배상책임이 인정된다고 하더라도 대표기관이 자기의 손해배상책임을 면하지 못한다. 피해자는 법인 또는 대표기관 개인에 대해 손해배상을 청구할 수 있고, 이 양자는 '부진정연대채무'로 해석된다.

② **법인의 불법행위가 성립하지 않는 경우(제35조 제2항)** : 민법은 피해자를 두텁게 보호하기 위하여, 그 사항의 의결에 찬성하거나 그 의결을 집행한 사원, 이사 및 기타 대표자가 공동불법행위(제760조)의 성립 여부를 불문하고 연대하여 배상책임을 지도록 규정하고 있다.

법인의 대표자가 그 직무에 관하여 타인에게 손해를 가함으로써 법인에 손해배상책임이 인정되는 경우에, 대표자의 행위가 제3자에 대한 불법행위를 구성한다면 그 대표자도 제3자에 대하여 손해배상책임을 면하지 못하며(민법 제35조 제1항), 또한 사원도 위 대표자와 공동으로 불법행위를 저질렀거나 이에 가담하였다고 볼 만한 사정이 있으면 제3자에 대하여 위 대표자와 연대하여 손해배상책임을 진다(대판 2009. 1. 30, 2006다37465).

## 04 법인의 기관

### 1. 기관의 종류

법인의 기관으로 사원총회(의사결정기관)·이사(집행기관 및 대표기관)·감사(감독기관)의 세 가지를 인정하는데, 모든 법인에서 이사는 필수기관이나, 감사는 임의기관이다. 사원총회는 사단법인에는 필수기관이나, 재단법인에는 성질상 있을 수 없다.

### 2. 이사

#### (1) 이사의 의의

> **제57조【이사】** 법인은 이사를 두어야 한다.

이사는 대외적으로 법인을 대표하고 대내적으로 법인의 사무를 집행하는 상설의 필수기관이다. 이사의 수에는 제한이 없으므로 정관에서 임의로 정할 수 있다.

#### (2) 이사의 임면

이사의 임면(任免)에 관한 규정은 정관의 필요적 기재사항이다(제40조 제5호). 이사의 선임행위는 법인과 이사 간의 위임과 유사한 계약이라 할 것이므로, 정관에 특별한 정함이 없으면 위임의 일반법리가 적용된다. 이사의 성명·주소는 등기사항이며(제49조 제2항), 이를 등기하지 않으면 이사의 선임·해임·퇴임을 가지고 제3자에게 대항할 수 없다(제54조 제1항).

**판례**

1. 법인과 이사의 법률관계는 신뢰를 기초로 한 위임 유사의 관계이므로, 이사는 민법 제689조 제1항이 규정한 바에 따라 언제든지 사임할 수 있고, 법인의 <u>이사를 사임하는 행위는 상대방 있는 단독행위이므로 그 의사표시가 상대방에게 도달함과 동시에 그 효력을 발생하고, 그 의사표시가 효력을 발생한 후에는 마음대로 이를 철회할 수 없음</u>이 원칙이다. 그러나 법인이 <u>정관에서 이사의 사임절차나 사임의 의사표시의 효력발생시기 등에 관하여 특별한 규정을 둔 경우에는</u> 그에 따라야 하는바, 위와 같은 경우에는 이사의 사임의 의사표시가 법인의 대표자에게 도달하였다고 하더라도 그와 같은 사정만으로 곧바로 사임의 효력이 발생하는 것은 아니고 정관에서 정한 바에 따라 사임의 효력이 발생하는 것이므로, 이사가 사임의 의사표시를 하였더라도 정관에 따라 사임의 효력이 발생하기 전에는 그 사임의사를 자유롭게 철회할 수 있다(대판 2008. 9. 25, 2007다17109).
2. 법인의 <u>정관에 이사의 해임사유에 관한 규정이 있는 경우</u>, 법인으로서는 이사의 <중대한 의무위반 또는 정상적인 사무집행 불능> 등의 특별한 사정이 없는 이상, <u>정관에서 정하지 아니한 사유로 이사를 해임할 수 없다</u>(대판 2013. 11. 28, 2011다41741).

#### (3) 이사의 직무권한

① **법인의 대표권(대외적 권한)**

> **제59조【이사의 대표권】** ① 이사는 법인의 사무에 관하여 각자 법인을 대표한다. 그러나 정관에 규정한 취지에 위반할 수 없고, 특히 사단법인은 총회의 의결에 의하여야 한다.
> **제62조【이사의 대리인 선임】** 이사는 정관 또는 총회의 결의로 금지하지 아니한 사항에 한하여 타인으로 하여금 특정한 행위를 대리하게 할 수 있다.

　　㉠ 단독대표의 원칙
　　㉡ 대표권의 제한
　　　　ⓐ 정관에 의한 제한 : 이사의 대표권은 제한할 수 있으나(일정한 행위에 관하여 총회의 동의를 요하게 하거나 이사 전원을 공동대표로 하는 것), 그 제한은 반드시 정관에 기재하여야 하며, 정관에 기재하지 않은 대표권의 제한은 무효이다(제41조). 이사의 대표권의 제한을 정관에 기재하여 유효한 경우에도 나아가 이를 등기하지 아니하면 제3자에게 대항할 수 없다(제60조).

> **판례**
> 법인의 정관에 법인 대표권의 제한에 관한 규정이 있으나 그와 같은 취지가 등기되어 있지 않다면 법인은 그와 같은 정관의 규정에 대하여 선의냐 악의냐에 관계없이 제3자인 원고에 대하여 대항할 수 없다(대판 1992. 2. 14, 91다24564).

　　　　ⓑ 총회의 의결에 의한 제한 : 이사가 사단법인을 대표하는 데에는 총회의 의결에 의하여야 하므로(제59조 제1항 단서), 사단법인의 이사의 대표권은 사원총회의 의결로써 제한할 수도 있다.
　　　　ⓒ 복임권의 제한 : 이사는 원칙적으로 자신이 대표권을 행사하여야 한다. 다만, 이사는 정관 또는 총회의 결의로 금지하지 아니한 사항에 한하여 타인으로 하여금 특정한 행위를 대리하게 할 수 있다(제62조). 그러나 포괄적 대리권의 수여는 인정되지 않는다. 이때 이사가 선임한 대리인은 법인의 기관은 아니고, 법인의 대리인일 뿐이다. 그리고 이사는 이러한 대리인의 선임·감독에 책임을 진다(제121조 제1항).

② **법인의 사무집행권(대내적 권한)**

> **제58조【이사의 사무집행】** ① 이사는 법인의 사무를 집행한다.
> ② 이사가 수인인 경우에는 정관에 다른 규정이 없으면 법인의 사무집행은 이사의 과반수로써 결정한다.

⑷ **이사의 주의의무와 임무해태에 대한 연대책임**

> **제61조【이사의 주의의무】** 이사는 선량한 관리자의 주의로 그 직무를 행하여야 한다.
> **제65조【이사의 임무해태】** 이사가 그 임무를 해태한 때에는 그 이사는 법인에 대하여 연대하여 손해배상의 책임이 있다.

### (5) 임시이사

> **제63조【임시이사의 선임】** 이사가 없거나 결원이 있는 경우에 이로 인하여 손해가 생길 염려가 있는 때에는 법원은 이해관계인이나 검사의 청구에 의하여 임시이사를 선임하여야 한다.

### (6) 특별대리인

> **제64조【특별대리인의 선임】** 법인과 이사의 이익이 상반하는 사항에 관하여는 이사는 대표권이 없다. 이 경우에는 전조의 규정에 의하여 특별대리인을 선임하여야 한다.

### (7) 직무대행자

> **제52조의2【직무집행정지 등 가처분의 등기】** 이사의 직무집행을 정지하거나 직무대행자를 선임하는 가처분을 하거나 그 가처분을 변경·취소하는 경우에는 주사무소가 있는 곳의 등기소에서 이를 등기하여야 한다.
> **제60조의2【직무대행자의 권한】** ① 제52조의2의 직무대행자는 가처분명령에 다른 정함이 있는 경우 외에는 법인의 통상사무에 속하지 아니한 행위를 하지 못한다. 다만, 법원의 허가를 얻은 경우에는 그러하지 아니하다.
> ② 직무대행자가 제1항의 규정에 위반한 행위를 한 경우에도 법인은 선의의 제3자에 대하여 책임을 진다.

**판례**

법원의 직무집행정지 가처분결정에 의해 회사를 대표할 권한이 정지된 대표이사가 그 정지기간 중에 체결한 계약은 절대적으로 무효이고, 그 후 가처분신청의 취하에 의하여 보전집행이 취소되었다 하더라도 집행의 효력은 장래를 향하여 소멸할 뿐 소급적으로 소멸하는 것은 아니라 할 것이므로, 가처분신청이 취하되었다 하여 <u>무효인 계약이 유효하게 되지는 않는다</u>(대판 2008. 5. 29, 2008다4537).

## 3. 감사

### (1) 감사의 의의

> **제66조【감사】** 법인은 정관 또는 총회의 결의로 감사를 둘 수 있다.

감사는 법인의 대표기관이 아니므로 감사의 성명 및 주소는 등기사항이 아니다. 감사의 선임방법, 자격, 임기 등은 정관 또는 총회의 결의로 정해진다.

### (2) 감사의 직무권한

> **제67조【감사의 직무】** 감사의 직무는 다음과 같다.
> 1. 법인의 재산상황을 감사하는 일
> 2. 이사의 업무집행의 상황을 감사하는 일
> 3. 재산상황 또는 업무집행에 관하여 부정, 불비한 것이 있음을 발견한 때에는 이를 총회 또는 주무 관청에 보고하는 일
> 4. 전 호의 보고를 하기 위하여 필요 있는 때에는 총회를 소집하는 일

**판례**

임기가 만료된 구 이사나 감사로 하여금 학교법인의 업무를 수행케 함이 부적당하다고 인정할 만한 특별한 사정이 없는 한, 민법 제691조를 유추하여 구 이사나 감사에게는 후임이사나 후임감사가 선임될 때까지 종전의 직무를 계속하여 수행할 긴급처리권이 인정된다(대판 전합 2007. 7. 19, 2006두19297).

## 4. 사원총회

### (1) 사원총회의 의의

사원총회는 사단법인의 전 사원으로 구성되는 최고의 의사결정기관이며, 반드시 두어야 하는 필수기관이다.

### (2) 사원총회의 종류

① **통상총회** : 사단법인의 이사는 매년 1회 이상 통상총회를 소집하여야 한다(제69조). 소집 시기는 정관에 규정이 없으면 총회의 결의로 정할 수 있고, 총회의 결의도 없는 경우에는 이사가 임의로 결정할 수 있다(통설).

② **임시총회**

> **제70조【임시총회】** ① 사단법인의 이사는 필요하다고 인정한 때에는 임시총회를 소집할 수 있다.
> ② 총사원의 5분의 1 이상으로부터 회의의 목적사항을 제시하여 청구한 때에는 이사는 임시총회를 소집하여야 한다. 이 정수는 정관으로 증감할 수 있다.
> ③ 전항의 청구 있는 후 2주간 내에 이사가 총회소집의 절차를 밟지 아니한 때에는 청구한 사원은 법원의 허가를 얻어 이를 소집할 수 있다.

### (3) 사원총회 소집절차

> **제71조【총회의 소집】** 총회의 소집은 1주간 전에 그 회의의 목적사항을 기재한 통지를 발하고 기타 정관에 정한 방법에 의하여야 한다.

판례⁺

소집권한 없는 자에 의한 총회에 소집권자가 참석하여 총회소집이나 대표자선임에 관하여 이의를 하지 아니하였다고 하여 이것만 가지고 총회가 소집권자의 동의에 의하여 소집된 것이라거나 그 총회의 소집절차 상의 하자가 치유되어 적법하게 된다고 할 수 없다(대판 2003. 9. 5, 2002다17036).

### (4) 사원총회의 권한

> 제68조【총회의 권한】사단법인의 사무는 정관으로 이사 또는 기타 임원에게 위임한 사항 외에는 총회의 결의에 의하여야 한다.

① 정관의 변경(제42조) 및 임의해산(제77조 제2항)은 총회의 전권사항이므로 정관에 의해서도 총회의 이 권한을 박탈하지 못한다.
② 소수사원권(제70조 제2항)과 사원의 결의권(제73조)과 같은 사원의 고유권은 그 사원의 동의가 없으면 사원총회의 결의에 의하여도 박탈할 수 없다.

### (5) 사원총회의 결의

① **총회의 성립**: 총회를 성립시키는 데 필요한 의사정족수에 관하여 정관에 규정이 없으면 2인 이상의 사원이 출석하면 족하다고 본다(다수설).
② **결의사항**

> 제72조【총회의 결의사항】총회는 전조의 규정에 의하여 통지한 사항에 관하여서만 결의할 수 있다. 그러나 정관에 다른 규정이 있는 때에는 그 규정에 의한다.

③ **결의권**

> 제73조【사원의 결의권】① 각 사원의 결의권은 평등으로 한다.
> ② 사원은 서면이나 대리인으로 결의권을 행사할 수 있다.
> ③ 전2항의 규정은 정관에 다른 규정이 있는 때에는 적용하지 아니한다.
> 제74조【사원이 결의권 없는 경우】사단법인과 어느 사원과의 관계사항을 의결하는 경우에는 그 사원은 결의권이 없다.

판례⁺

민법 제74조는 사단법인과 어느 사원과의 관계사항을 의결하는 경우 그 사원은 의결권이 없다고 규정하고 있으므로, 민법 제74조의 유추해석상 민법상 법인의 이사회에서 법인과 어느 이사와의 관계사항을 의결하는 경우에는 그 이사는 의결권이 없다(대판 2009. 4. 9, 2008다1521).

④ **결의의 성립(의결정족수)**

> **제75조【총회의 결의방법】** ① 총회의 결의는 본법 또는 정관에 다른 규정이 없으면 사원 과반수의 출석과 출석사원의 결의권의 과반수로써 한다.
> ② 제73조 제2항의 경우에는 당해 사원은 출석한 것으로 한다.

## (6) 사원권

> **제56조【사원권의 양도, 상속금지】** 사단법인의 사원의 지위는 양도 또는 상속할 수 없다.

민법 제56조는 강행규정은 아니라 할 것이므로 정관에 의하여 이를 인정하고 있을 때에는 양도·상속이 허용된다(판례).

## 05 법인의 정관변경

### 1. 사단법인의 정관변경

> **제42조【사단법인의 정관의 변경】** ① 사단법인의 정관은 총사원 3분의 2 이상의 동의가 있는 때에 한하여 이를 변경할 수 있다. 그러나 정수에 관하여 정관에 다른 규정이 있는 때에는 그 규정에 의한다.
> ② 정관의 변경은 주무관청의 허가를 얻지 아니하면 그 효력이 없다.

정관의 변경사항이 등기사항인 경우에는, 그 변경을 등기하지 않으면 정관의 변경을 가지고 제3자에게 대항하지 못한다(제54조).

### 2. 재단법인의 정관변경

#### (1) 원칙

재단법인은 정관을 변경하지 못하는 것이 원칙이다.

#### (2) 예외

> **제45조【재단법인의 정관변경】** ① 재단법인의 정관은 그 변경방법을 정관에 정한 때에 한하여 변경할 수 있다.
> ② 재단법인의 목적달성 또는 그 재산의 보전을 위하여 적당한 때에는 전항의 규정에 불구하고 명칭 또는 사무소의 소재지를 변경할 수 있다.
> ③ 제42조 제2항의 규정은 전2항의 경우에 준용한다.
> **제46조【재단법인의 목적 기타의 변경】** 재단법인의 목적을 달성할 수 없는 때에는 설립자나 이사는 주무관청의 허가를 얻어 설립의 취지를 참작하여 그 목적 기타 정관의 규정을 변경할 수 있다.

### (3) 기본재산의 처분·편입과 정관변경

재단법인의 기본재산의 변경은 정관의 변경을 초래하기 때문에 주무관청의 허가를 받아야 하고, 따라서 기존의 기본재산을 처분하는 행위는 물론 새로이 기본재산으로 편입하는 행위도 주무관청의 허가가 있어야만 유효하다(판례).

**판례**

민법상 재단법인의 기본재산에 관한 저당권 설정행위는 특별한 사정이 없는 한 정관의 기재사항을 변경하여야 하는 경우에 해당하지 않으므로, 그에 관하여는 주무관청의 허가를 얻을 필요가 없다(대결 2018. 7. 20, 2017마1565).

## 06 법인의 소멸

### 1. 법인의 해산

#### (1) 법인의 해산의 의의

법인의 해산이란 법인이 본래의 목적을 달성하기 위한 적극적인 활동을 정지하고 청산절차에 들어가는 것을 말한다.

#### (2) 해산사유

> **제77조 【해산사유】** ① 법인은 존립기간의 만료, 법인의 목적의 달성 또는 달성의 불능 기타 정관에 정한 해산사유의 발생, 파산 또는 설립허가의 취소로 해산한다.
> ② 사단법인은 사원이 없게 되거나 총회의 결의로도 해산한다.
> **제78조 【사단법인의 해산결의】** 사단법인은 총사원 4분의 3 이상의 동의가 없으면 해산을 결의하지 못한다. 그러나 정관에 다른 규정이 있는 때에는 그 규정에 의한다.
> **제79조 【파산신청】** 법인이 채무를 완제하지 못하게 된 때에는 이사는 지체 없이 파산신청을 하여야 한다.
> **제38조 【법인의 설립허가의 취소】** 법인이 목적 이외의 사업을 하거나 설립허가의 조건에 위반하거나 기타 공익을 해하는 행위를 한 때에는 주무관청은 그 허가를 취소할 수 있다.

### 2. 법인의 청산

#### (1) 법인의 청산의 의의

청산이란 해산한 법인이 잔무를 처리하고, 재산을 정리하여 완전히 소멸할 때까지의 절차를 말한다. 청산은 파산으로 해산한 경우에는 채무자 회생 및 파산에 관한 법률이 정하는 절차에 의하고, 기타 원인으로 해산한 경우에는 민법이 규정하는 절차에 의한다. 청산절차에 관한 규정은 강행규정이다.

## (2) 청산법인의 능력

> **제81조【청산법인】** 해산한 법인은 청산의 목적범위 내에서만 권리가 있고 의무를 부담한다.

청산법인은 청산의 목적범위 내에서만 권리를 가지고 의무를 부담하므로(제81조), 청산법인의 목적범위 외의 행위는 무효이다(판례).

## (3) 청산법인의 기관

> **제82조【청산인】** 법인이 해산한 때에는 파산의 경우를 제하고는 이사가 청산인이 된다. 그러나 정관 또는 총회의 결의로 달리 정한 바가 있으면 그에 의한다.
>
> **제83조【법원에 의한 청산인의 선임】** 전조의 규정에 의하여 청산인이 될 자가 없거나 청산인의 결원으로 인하여 손해가 생길 염려가 있는 때에는 법원은 직권 또는 이해관계인이나 검사의 청구에 의하여 청산인을 선임할 수 있다.
>
> **제84조【법원에 의한 청산인의 해임】** 중요한 사유가 있는 때에는 법원은 직권 또는 이해관계인이나 검사의 청구에 의하여 청산인을 해임할 수 있다.

법인이 해산하면 이사는 당연히 그의 지위를 잃고, 이사에 갈음하여 청산인이 청산법인의 대표기관과 집행기관이 된다. 다만, 감사와 사원총회는 청산법인의 기관으로서 계속하여 권한을 행사한다.

## (4) 청산사무

> **제85조【해산등기】** ① 청산인은 법인이 파산으로 해산한 경우가 아니면 취임 후 3주일 내에 다음 각 호의 사항을 주사무소 소재지에서 등기하여야 한다.
> 1. 해산 사유와 해산 연월일
> 2. 청산인의 성명과 주소
> 3. 청산인의 대표권을 제한한 경우에는 그 제한
> ② 제1항의 등기에 관하여는 제52조를 준용한다.
>
> **제86조【해산신고】** ① 청산인은 파산의 경우를 제하고는 그 취임 후 3주간 내에 전조 제1항의 사항을 주무관청에 신고하여야 한다.
> ② 청산 중에 새로 취임한 청산인은 그 성명 및 주소를 신고하면 된다.
>
> **제80조【잔여재산의 귀속】** ① 해산한 법인의 재산은 정관으로 지정한 자에게 귀속한다.
> ② 정관으로 귀속권리자를 지정하지 아니하거나 이를 지정하는 방법을 정하지 아니한 때에는 이사 또는 청산인은 주무관청의 허가를 얻어 그 법인의 목적에 유사한 목적을 위하여 그 재산을 처분할 수 있다. 그러나 사단법인에 있어서는 총회의 결의가 있어야 한다.
> ③ 전2항의 규정에 의하여 처분되지 아니한 재산은 국고에 귀속한다.

**제87조【청산인의 직무】** ① 청산인의 직무는 다음과 같다.

1. 현존사무의 종결
2. 채권의 추심 및 채무의 변제
3. 잔여재산의 인도

② 청산인은 전항의 직무를 행하기 위하여 필요한 모든 행위를 할 수 있다.

**제88조【채권신고의 공고】** ① 청산인은 취임한 날로부터 2월 내에 3회 이상의 공고로 채권자에 대하여 일정한 기간 내에 그 채권을 신고할 것을 최고하여야 한다. 그 기간은 2월 이상이어야 한다.

② 전항의 공고에는 채권자가 기간 내에 신고하지 아니하면 청산으로부터 제외될 것을 표시하여야 한다.

③ 제1항의 공고는 법원의 등기사항의 공고와 동일한 방법으로 하여야 한다.

**제89조【채권신고의 최고】** 청산인이 알고 있는 채권자에 대하여는 각각 그 채권신고를 최고하여야 한다. 알고 있는 채권자는 청산으로부터 제외하지 못한다.

**제90조【채권신고기간 내의 변제금지】** 청산인은 제88조 제1항의 채권신고기간 내에는 채권자에 대하여 변제하지 못한다. 그러나 법인은 채권자에 대한 지연손해배상의 의무를 면하지 못한다.

**제91조【채권변제의 특례】** ① 청산 중의 법인은 변제기에 이르지 아니한 채권에 대하여도 변제할 수 있다.

② 전항의 경우에는 조건 있는 채권, 존속기간의 불확정한 채권 기타 가액의 불확정한 채권에 관하여는 법원이 선임한 감정인의 평가에 의하여 변제하여야 한다.

**제92조【청산으로부터 제외된 채권】** 청산으로부터 제외된 채권자는 법인의 채무를 완제한 후 귀속권리자에게 인도하지 아니한 재산에 대하여서만 변제를 청구할 수 있다.

**제93조【청산 중의 파산】** ① 청산 중 법인의 재산이 그 채무를 완제하기에 부족한 것이 분명하게 된 때에는 청산인은 지체 없이 파산선고를 신청하고 이를 공고하여야 한다.

② 청산인은 파산관재인에게 그 사무를 인계함으로써 그 임무가 종료한다.

③ 제88조 제3항의 규정은 제1항의 공고에 준용한다.

**제94조【청산종결의 등기와 신고】** 청산이 종결한 때에는 청산인은 3주간 내에 이를 등기하고 주무관청에 신고하여야 한다.

---

**판례**

1. 법인 해산 시 잔여재산의 귀속권리자를 직접 지정하지 아니하고 사원총회나 이사회의 결의에 따라 이를 정하도록 하는 등 간접적으로 그 귀속권리자의 지정방법을 정해 놓은 정관 규정도 유효하다(대판 1995. 2. 10, 94다13473).

2. 해산한 법인이 잔여재산의 귀속자에 관한 정관규정에 반하여 잔여재산을 달리 처분할 경우 그 처분행위는 청산법인의 목적범위 외의 행위로서 특단의 사정이 없는 한 무효이다(대판 2000. 12. 8, 98두5279).

3. 법인이 해산한 경우에 청산인은 파산의 경우를 제외하고 해산등기를 하여야 하고 해산등기를 하기 전에는 제3자에게 해산사실을 대항할 수 없다(대판 1984. 9. 25, 84다카493).

## 07 법인의 주소·등기 및 감독

### 1. 법인의 주소

> **제36조【법인의 주소】** 법인의 주소는 그 주된 사무소의 소재지에 있는 것으로 한다.

### 2. 법인의 등기

> **제49조【법인의 등기사항】** ① 법인설립의 허가가 있는 때에는 3주간 내에 주된 사무소 소재지에서 설립등기를 하여야 한다.
> ② 전항의 등기사항은 다음과 같다.
>   1. 목적
>   2. 명칭
>   3. 사무소
>   4. 설립허가의 연월일
>   5. 존립시기나 해산사유를 정한 때에는 그 시기 또는 사유
>   6. 자산의 총액
>   7. 출자의 방법을 정한 때에는 그 방법
>   8. 이사의 성명, 주소
>   9. 이사의 대표권을 제한한 때에는 그 제한
> **제50조【분사무소 설치의 등기】** 법인이 분사무소를 설치한 경우에는 주사무소의 소재지에서 3주일 내에 분사무소 소재지와 설치 연월일을 등기하여야 한다.
> **제51조【사무소 이전의 등기】** ① 법인이 주사무소를 이전한 경우에는 종전 소재지 또는 새 소재지에서 3주일 내에 새 소재지와 이전 연월일을 등기하여야 한다.
> ② 법인이 분사무소를 이전한 경우에는 주사무소 소재지에서 3주일 내에 새 소재지와 이전 연월일을 등기하여야 한다.
> **제52조【변경등기】** 제49조 제2항의 사항 중에 변경이 있는 때에는 3주간 내에 변경등기를 하여야 한다.
> **제33조【법인설립의 등기】** 법인은 그 주된 사무소의 소재지에서 설립등기를 함으로써 성립한다.
> **제54조【설립등기 이외의 등기의 효력과 등기사항의 공고】** ① 설립등기 이외의 본절의 등기사항은 그 등기 후가 아니면 제3자에게 대항하지 못한다.
> ② 등기한 사항은 법원이 지체 없이 공고하여야 한다.

### 3. 법인의 감독

> **제37조【법인의 사무의 검사, 감독】** 법인의 사무는 주무관청이 검사, 감독한다.
> **제95조【해산, 청산의 검사, 감독】** 법인의 해산 및 청산은 법원이 검사, 감독한다.

## 08 권리능력 없는 사단과 재단

### 1. 권리능력 없는 사단

#### (1) 의의

단체의 실질이 사단임에도 불구하고 법인격, 즉 권리능력을 가지지 않는 것을 권리능력 없는 사단(법인격 없는 사단, 비법인사단)이라고 한다. 이러한 권리능력 없는 사단에 대하여는 조합에 관한 규정을 준용할 것이 아니라, 사단법인에 관한 규정 중에서 법인격을 전제로 하는 것을 제외하고는 이를 유추적용한다.

#### (2) 법률관계

① **내부관계**: 권리능력 없는 사단의 내부관계는 1차적으로 그 사단의 정관이 적용되고, 정관의 규정이 없는 경우에는 민법의 비영리사단법인의 규정을 유추적용한다.

② **외부관계**: 법인격을 전제로 하는 것(이사의 대표권 제한에 관한 제60조는 비법인사단에 적용될 수 없다)을 제외한 사단법인에 관한 민법규정을 유추적용한다. 또한 권리능력 없는 사단도 그 대표자가 정하여져 있으면 소송상 당사자능력을 가지고, 대표자나 관리인이 있는 법인 아닌 사단에 속하는 부동산에 대한 등기능력도 인정된다.

③ **재산귀속관계**: 권리능력 없는 사단의 재산은 사원의 총유에 속하고(제275조 제1항), 따라서 권리능력 없는 사단의 사원은 지분권이나 분할청구권을 갖지 않는다. 총유물의 관리·처분은 사원총회의 결의에 의하며, 각 사원은 정관 기타 규약에 따라 총유물을 사용·수익할 수 있다(제276조).

---

**판례**

1. 비법인사단 대표자가 행한 타인에 대한 업무의 포괄적 위임과 그에 따른 포괄적 수임인의 대행행위는 민법 제62조의 규정에 위반된 것이어서 비법인사단에 대하여는 그 효력이 미치지 아니한다(대판 1996. 9. 6, 94다18522).

2. 민법 제63조는 법인 아닌 사단이나 재단에도 유추 적용할 수 있다(대결 2009. 11. 19, 자 2008마699).

3. 비법인사단의 대표자가 직무에 관하여 타인에게 손해를 가한 경우 그 사단은 민법 제35조 제1항의 유추적용에 의하여 그 손해를 배상할 책임이 있다(대판 2003. 7. 25, 2002다27088).

4. [1] 총유물의 관리 및 처분행위라 함은 총유물 그 자체에 관한 법률적·사실적 처분행위와 이용, 개량행위를 말하는 것으로서, 재건축조합이 재건축사업의 시행을 위하여 <설계용역계약을 체결하는 것>은 단순한 채무부담행위에 불과하여 총유물 그 자체에 대한 관리 및 처분행위라고 볼 수 없다. 따라서 그 설계용역계약체결행위는 일단은 유효하다고 할 것이다.

   [2] 비법인사단의 경우에는 대표자의 대표권 제한에 관하여 등기할 방법이 없어 민법 제60조의 규정을 준용할 수 없고, 비법인사단의 대표자가 정관에서 사원총회의 결의를 거쳐야 하도록 규정한 <대외적 거래행위>에 관하여 이를 거치지 아니한 경우라도, 이와 같은 사원총회 결의사항은 비법인사단의 내부적 의사결정에 불과하다 할 것이므로, 그 거래 상대방이 그와 같은 대표권 제한 사실을 알았거나 알 수 있었을 경우가 아니라면 그 거래행위는 유효하다(대판 2003. 7. 22, 2002다64780).

5. [1] <u>비법인사단이 타인 간의 금전채무를 보증하는 행위는</u> 총유물 그 자체의 관리·처분이 따르지 아니하는 단순한 채무부담행위에 불과하여 이를 <u>총유물의 관리·처분행위라고 볼 수는 없다.</u>

   [2] 따라서 '비법인사단인 재건축조합의 조합장이 채무보증계약을 체결하면서 조합규약에서 정한 조합임원회의 결의를 거치지 아니하였다거나 조합원총회 결의를 거치지 않았다'고 하더라도 그것만으로 바로 그 보증계약이 무효라고 할 수는 없다. 다만, 이와 같은 경우에 조합 임원회의의 결의 등을 거치<u>도록 한 조합규약은 조합장의 대표권을 제한하는 규정에 해당하는 것이므로, '거래 상대방이 그와 같은 대표권 제한 및 그 위반 사실을 알았거나 과실로 인하여 이를 알지 못한 때에는' 그 거래행위가 무효로 된다</u>고 봄이 상당하며, 이 경우 그 거래 상대방이 대표권 제한 및 그 위반 사실을 알았거나 알지 못한 데에 과실이 있다는 사정은 그 거래의 무효를 주장하는 측이 이를 주장·입증하여야 한다 (대판 전합 2007. 4. 19, 2004다60072·60089).

6. <u>비법인사단이 총유물에 관한 매매계약을 체결하는 행위는 총유물 그 자체의 처분이 따르는 채무부담행위로서 총유물의 처분행위에 해당하나,</u> 그 매매계약에 의하여 부담하고 있는 채무의 존재를 인식하고 있다는 뜻을 표시하는 데 불과한 소멸시효 중단사유로서의 승인은 총유물 그 자체의 관리·처분이 따르는 행위가 아니어서 총유물의 관리·처분행위라고 볼 수 없다(대판 2009. 11. 26, 2009다64383).

7. 총유재산에 관한 소송은 ① <u>법인 아닌 사단이 그 명의로 사원총회의 결의를 거쳐 하거나</u> 또는 ② <u>그 구성원 전원이 당사자가 되어 필수적 공동소송의 형태로 할 수 있을 뿐</u> ③ <u>그 사단의 구성원은</u> 설령 그가 ④ <u>사단의 대표자라거나 사원총회의 결의를 거쳤다 하더라도 그 소송의 당사자가 될 수 없고,</u> 이러한 법리는 총유재산의 보존행위로서 소를 제기하는 경우에도 마찬가지라 할 것이다(대판 전합 2005. 9. 15, 2004다44971).

## (3) 구체적인 예

판례

1. <u>종중은 종족의 자연발생적 집단이므로, 그 성립을 위하여 특별한 조직행위를 필요로 하는 것이 아니고, 반드시 특별한 명칭의 사용 및 서면화된 종중규약이 있어야 하거나 종중의 대표자가 선임되어 있는 등 조직을 갖추어야 성립하는 것은 아니다</u>(대판 1997. 11. 14, 96다25715).

2. <u>종중 유사단체는</u> 비록 그 목적이나 기능이 고유한 의미의 종중과 별다른 차이가 없다 하더라도 공동선조의 후손 중 일부에 의하여 인위적인 조직행위를 거쳐 성립된 경우에는 사적 임의단체라는 점에서 자연발생적인 종족집단인 <u>고유한 의미의 종중과 그 성질을 달리하므로,</u> 그러한 경우에는 사적 자치의 원칙 내지 결사의 자유에 따라 그 구성원의 자격이나 가입조건을 자유롭게 정할 수 있음이 원칙이다. 따라서 그러한 종중 유사단체의 회칙이나 규약에서 <u>공동선조의 후손 중 남성만으로 그 구성원을 한정하고 있다 하더라도</u> 특별한 사정이 없는 한 이는 사적 자치의 원칙 내지 결사의 자유의 보장범위에 포함되고, 위 사정만으로 그 회칙이나 규약이 <u>양성평등 원칙을 정한 헌법 제11조 및 민법 제103조를 위반하여 무효라고 볼 수는 없다</u>(대판 2011. 2. 24, 2009다17783).

3. <u>일부 종중원에게 소집통지를 결여한 채 개최된 종중총회의 결의는 효력이 없다.</u> 소집절차에 하자가 있어 그 효력을 인정할 수 없는 종중총회의 결의라도 후에 적법하게 소집된 종중총회에서 이를 추인하면 <u>처음부터 유효로 된다</u>(대판 1995. 6. 16, 94다53563).

4. 일부 종중원에게 소집통지를 결여한 채 개최된 종중총회의 결의는 효력이 없으나, <u>그 소집통지의 방법은 반드시 직접 서면으로 하여야만 하는 것은 아니고 구두 또는 전화로 하여도 되고 다른 종중원이나 세대주를 통하여 하여도 무방하다</u>(대판 2000. 2. 25, 99다20155).

5. 소집통지를 받지 아니한 종원이 다른 방법에 의하여 이를 알게 된 경우에는 그 종원이 종중 총회에 참석하지 않았다고 하더라도 그 종중 총회의 결의를 무효라고 할 수 없다(대판 1995. 6. 9, 94다42389).

6. 비법인사단인 종중의 토지에 대한 수용보상금은 종원의 총유에 속하고, 위 수용보상금의 분배는 총유물의 처분에 해당하므로 정관 기타 규약에 달리 정함이 없는 한 종중총회의 분배결의가 없으면 종원이 종중에 대하여 직접 분배청구를 할 수 없으나, 종중 토지에 대한 수용보상금을 종원에게 분배하기로 결의하였다면, 그 분배대상자라고 주장하는 종원은 종중에 대하여 직접 분배금의 청구를 할 수 있다(대판 1994. 4. 26, 93다32446).

7. 법인 아닌 사단의 구성원들의 집단적 탈퇴로써 사단이 2개로 분열되고 분열되기 전 사단의 재산이 분열된 각 사단들의 구성원들에게 각각 총유적으로 귀속되는 결과를 초래하는 형태의 법인 아닌 사단의 분열은 허용되지 않는다. 따라서 교인들은 교회 재산을 총유의 형태로 소유하면서 사용·수익할 것인데, 일부 교인들이 교회를 탈퇴하여 그 교회 교인으로서의 지위를 상실하게 되면 탈퇴가 개별적인 것이든 집단적인 것이든 이와 더불어 종전 교회의 총유 재산의 관리처분에 관한 의결에 참가할 수 있는 지위나 그 재산에 대한 사용·수익권을 상실하고, 종전 교회는 잔존 교인들을 구성원으로 하여 실체의 동일성을 유지하면서 존속하며 종전 교회의 재산은 그 교회에 소속된 잔존 교인들의 총유로 귀속됨이 원칙이다(대판 전합 2006. 4. 20, 2004다37775).

8. 소속 교단에서의 탈퇴 내지 소속 교단의 변경은 사단법인 정관변경에 준하여 의결권을 가진 교인 3분의 2 이상의 찬성에 의한 결의를 필요로 하고, 그 결의요건을 갖추어 소속 교단을 탈퇴하거나 다른 교단으로 변경한 경우에 종전 교회의 실체는 이와 같이 교단을 탈퇴한 교회로서 존속하고 종전 교회 재산은 위 탈퇴한 교회 소속 교인들의 총유로 귀속된다(대판 전합 2006. 4. 20, 2004다37775).

9. 사단법인의 하부조직의 하나라 하더라도 스스로 단체로서의 실체를 갖추고 독자적인 활동을 하고 있다면 사단법인과는 별개의 독립된 비법인사단으로 볼 수 있다(대판 2009. 1. 30, 2006다60908).

## 2. 권리능력 없는 재단

### (1) 의의

권리능력 없는 재단이란 재단법인의 실질, 즉 목적재산은 존재하되 아직 등기를 하지 아니하여 법인격을 취득하지 못한 재단을 말한다.

### (2) 법률관계

판례

종래부터 존재하여 오던 사찰의 재산을 기초로 (구) 불교재산관리법에 따라 불교단체등록을 한 사찰은 권리능력 없는 재단으로서의 성격을 가지고 있다고 볼 것이므로, 비록 그 신도들이 그 사찰의 재산을 조성하는 데 공헌을 하였다 할지라도 그 사찰의 재산은 신도와 승려의 총유에 속하는 것이 아니라 권리능력 없는 사찰 자체에 속한다(대판 1994. 12. 13, 93다43545).

MEMO

행정사
**조민기 민법총칙**

# 권리의 객체

제1절   물건
제2절   부동산과 동산
제3절   주물과 종물
제4절   원물과 과실

## 제1절 물건

### 1. 물건의 요건

> **제98조【물건의 정의】** 본법에서 물건이라 함은 유체물 및 전기 기타 관리할 수 있는 자연력을 말한다.

**판례**

피상속인이 생전행위 또는 유언으로 자신의 유체·유골을 처분하거나 매장장소를 지정한 경우에, 선량한 풍속 기타 사회질서에 반하지 않는 이상 그 의사는 존중되어야 하고 이는 제사주재자로서도 마찬가지이지만, 피상속인의 의사를 존중해야 하는 의무는 도의적인 것에 그치고, 제사주재자가 무조건 이에 구속되어야 하는 법률적 의무까지 부담한다고 볼 수는 없다(대판 2008. 11. 20, 2007다27670).

### 2. 물건의 분류

#### (1) 집합물

단일물 또는 합성물인 다수의 물건이 집합하여 경제적으로 단일한 가치를 가지며, 거래상으로도 일체로서 다루어지는 것(예 도서관의 장서, 공장의 시설이나 기계의 전부, 한 상점에 있는 상품 전체)을 집합물이라고 한다. 일물일권주의의 원칙상 집합물 위에 하나의 물권이 성립할 수 없음이 원칙이나, 예외적으로 일정한 집합물은 특별법(예 공장 및 광업재단 저당법)에 의하여 특별한 공시방법이 인정되고 법률상 하나의 물건으로 다루어진다. 나아가 특별법이 없는 경우에도 거래상의 필요에 따라 예외를 인정하기도 한다. 예컨대, 판례는 일단의 증감 변동하는 동산을 하나의 물건으로 보아 이를 채권담보의 목적으로 삼으려는 이른바 유동집합물에 대한 양도담보설정계약도 가능하다고 한다.

> **판례**
>
> 1. 재고상품, 제품, 원자재 등과 같은 집합물을 하나의 물건으로 보아 이를 채권담보의 목적으로 삼으려는 이른바 집합물에 대한 양도담보권설정계약에 있어서는 그 목적동산을 종류, 장소 또는 수량지정 등의 방법에 의하여 특정할 수만 있다면 그 집합물 전체를 하나의 재산권으로 하는 담보권의 설정이 가능하다. 위와 같이 집합물에 대한 양도담보권설정계약이 이루어지면 집합물을 구성하는 개개의 물건이 변동되거나 변형되더라도 한 개의 물건으로서 동일성을 잃지 아니한 채 양도담보권의 효력은 항상 현재의 집합물 위에 미치는 것이다(대판 1988. 12. 27, 87누1043).
> 2. 돈사에서 대량으로 사육되는 돼지를 집합물에 대한 양도담보의 목적물로 삼은 경우, 그 돼지는 번식, 사망, 판매, 구입 등의 요인에 의하여 증감 변동하기 마련이므로 양도담보권자가 그때마다 별도의 양도담보권설정계약을 맺거나 점유개정의 표시를 하지 않더라도 하나의 집합물로서 동일성을 잃지 아니한 채 양도담보권의 효력은 항상 현재의 집합물 위에 미치게 된다(대판 2004. 11. 12, 2004다22858).

### (2) 특정물·불특정물

구체적 거래에서 당사자의 의사에 의하여 급부의 목적물을 그 물건으로 특정하여 다른 물건으로 바꾸지 못하게 하였는가에 의한 구체적·주관적 구별이다. 금전과 같은 대체물도 일정한 표시를 하여 특정물로 거래할 수 있다.

## 제2절 부동산과 동산

> **제99조 【부동산, 동산】** ① 토지 및 그 정착물은 부동산이다.
> ② 부동산 이외의 물건은 동산이다.

## 01 부동산

### 1. 토지

① 토지의 구성부분(암석, 토사, 지하수)은 토지의 일부분이다. 따라서 온천수도 토지의 소유권이 미치며, 독립한 물권의 대상이 될 수 없다. 다만, 미채굴 광물은 토지소유권이 미치지 않으며 광업권의 대상이 된다.

② 1필의 토지의 일부는 분필의 절차를 완료하기 전에는 양도나 담보물권의 설정을 할 수 없다. 그러나 용익물권의 설정은 가능하다.

## 2. 토지의 정착물

### (1) 토지의 정착물의 의의

토지의 정착물이란 토지에 고정적으로 부착되어 용이하게 이동할 수 없는 물건으로서, 그러한 상태로 사용되는 것이 그 물건의 거래상의 성질로 인정되는 것(에 건물, 수목, 교량, 돌담, 도로의 포장)을 말한다.

### (2) 건물

① 우리나라 민법은 건물을 토지로부터 완전히 독립한 별개의 부동산으로 취급하고, 건물의 개수는 건물의 물리적 구조뿐만 아니라 거래관념을 고려하여 결정하여야 한다.

② 판례는 법률상 독립된 부동산으로서의 건물이라고 하기 위하여는 최소한의 기둥과 지붕, 그리고 주벽이 이루어지면 된다고 한다.

> **판례**
>
> 건물의 개수는 토지와 달리 공부상의 등록에 의하여 결정되는 것이 아니라 사회통념 또는 거래관념에 따라 물리적 구조, 거래 또는 이용의 목적물로서 관찰한 건물의 상태 등 객관적 사정과 건축한 자 또는 소유자의 의사 등 주관적 사정을 참작하여 결정되는 것이다(대판 1997. 7. 8, 96다36517).

③ 1동의 건물로 등기되어 있는 것의 일부는 구분 또는 분할의 등기를 하지 않은 한 처분하지 못한다. 다만, 전세권은 건물의 일부에 대하여도 설정할 수 있다.

### (3) 수목

① 수목은 토지와 분리되면 동산으로 되지만, 토지로부터 분리되지 않은 상태에서는 원칙적으로 토지의 일부일 뿐이다. 그러나 두 가지 예외가 인정된다.

② 입목에 관한 법률에 의하여 입목등기를 한 수목의 집단, 즉 '입목'은 토지로부터 독립한 부동산으로 다루어진다. 따라서 입목의 소유자는 입목을 토지와 분리하여 양도할 수 있고, 이를 저당권의 목적으로 할 수 있다.

③ 입목에 관한 법률의 적용을 받지 않는 수목의 경우에는 관습법상의 명인방법이라는 공시방법을 갖춤으로써 토지와는 분리된 독립한 부동산으로 취급된다. 그러나 소유권의 객체가 될 뿐이고, 다른 권리의 목적으로 하지는 못한다.

> **판례**
>
> 1. 경매의 대상이 된 토지 위에 생립하고 있는 채무자 소유의 미등기 수목은 토지의 구성 부분으로서 토지의 일부로 간주되어 특별한 사정이 없는 한 토지와 함께 경매되는 것이므로 그 수목의 가액을 포함하여 경매 대상 토지를 평가하여 이를 최저경매가격으로 공고하여야 하고, 다만 입목에 관한 법률에 따라 등기된 입목이나 명인방법을 갖춘 수목의 경우에는 독립하여 거래의 객체가 되므로 토지 평가에 포함되지 아니한다(대결 1998. 10. 28, 98마1817).

2. 임야에 있는 자연석을 조각하여 제작한 석불이라도 그 임야의 일부분을 구성하는 것이라고는 할 수 없고 임야와 독립된 소유권의 대상이 된다(대판 1970. 9. 22, 70다1494).

3. 공장 울 안에 공장건물과 인접하여 설치된 저유조가 그 설치된 장소에서 손쉽게 이동시킬 수 있는 구조물이 아니고 그 토지에 견고하게 부착시켜 그 상태로 계속 사용할 목적으로 축조된 것이며 거기에 저장하려고 하는 원유, 혼합유 등을 풍우 등 자연력으로부터 보호하기 위하여 둥그런 철근콘크리트 및 철판 벽면과 삿갓모양의 지붕을 갖추고 있는 경우, 그 저유조는 유류창고로서의 기능을 가진 독립된 건물로 보아야 한다(대판 1990. 7. 27, 90다카6160).

### (4) 미분리의 과실

미분리의 과실(예 과수의 열매, 뽕나무 잎, 엽연초)은 수목의 일부에 불과하나, 명인방법을 갖춘 때에는 독립한 물건으로서 거래의 목적으로 할 수 있다.

### (5) 농작물

토지에서 경작·재배되는 각종의 농작물(예 입도, 고추, 마늘, 양파)은 원래 토지의 일부이나, 정당한 권원에 의거하여 타인의 토지에서 경작·재배하면 그 농작물은 토지에 부합하지 않고 토지로부터 독립한 별개의 부동산으로 취급된다(제256조 단서). 그런데 판례는 아무런 권원 없이 타인의 토지에서 농작물을 경작·재배한 경우라도 그 농작물이 성숙하여 독립한 물건으로서의 존재를 갖추었으면, 명인방법을 갖추지 않아도 그 농작물의 소유권은 언제나 경작자에게 속한다고 한다.

> **판례**
>
> 적법한 경작권 없이 타인의 토지를 경작하였더라도 그 경작한 입도가 성숙하여 독립한 물건으로서의 존재를 갖추었으면 입도의 소유권은 경작자에게 귀속한다(대판 1979. 8. 28, 79다784).

## 02 동산

금전은 동산이기는 하나, 보통 물건이 가지는 개성을 갖고 있지 않으며 일정액의 가치 그 자체이므로 동산에 관한 규정 중 금전에 적용되지 않는 것이 많다. 예컨대, 금전을 도난당한 경우에, 도난당한 특정 금전에 대한 물권적 청구권은 인정되지 아니하고 다만 부당이득반환청구권 또는 불법행위에 기한 손해배상청구권을 행사해야 한다.

## 제3절 주물과 종물

> **제100조 【주물, 종물】** ① 물건의 소유자가 그 물건의 상용에 공하기 위하여 자기 소유인 다른 물건을 이에 부속하게 한 때에는 그 부속물은 종물이다.
> ② 종물은 주물의 처분에 따른다.

### 01 의의

물건의 소유자가 그 물건의 상용에 공하기 위하여 자기 소유인 다른 물건을 이에 부속하게 한 경우(예 배와 노, 자물쇠와 열쇠, 시계와 시곗줄) 그 물건을 주물(主物)이라고 하고 주물에 부속된 다른 물건을 종물(從物)이라고 한다.

### 02 종물의 요건

### 1. 주물의 상용(常用)에 공할 것

> **판례**
>
> 1. 어느 건물이 주된 건물의 종물이기 위하여는 <u>주된 건물의 경제적 효용을 보조하기 위하여 계속적으로 이바지되어야 하는 관계</u>가 있어야 한다(대판 1988. 2. 23, 87다카600).
> 2. <u>횟집</u>으로 사용할 점포건물에 거의 붙어서 횟감용 생선을 보관하기 위하여, 즉 위 점포건물의 상용에 공하기 위하여 신축한 <u>수족관건물은 위 점포건물의 종물</u>이라고 해석할 것이다(대판 1993. 2. 12, 92도3234).
> 3. <u>주유소의 주유기</u>가 비록 독립된 물건이기는 하나 … 계속해서 주유소건물 자체의 경제적 효용을 다하게 하는 작용을 하고 있으므로 <u>주유소건물의 상용에 공하기 위하여 부속시킨 종물</u>이다(대판 1995. 6. 29, 94다6345).
> 4. <u>백화점건물의 지하 2층 기계실에 설치되어 있는 전화교환설비</u>가 … 위 건물인 10층 백화점의 효용과 기능을 다하기에 필요불가결한 시설물로서 <u>위 건물의 상용에 제공된 종물</u>이라 할 것이다(대판 1993. 8. 13, 92다43142).
> 5. <u>농지에 부속한 양수장 시설</u>이 귀속재산처리법에 의하여 처분된 경우에는 그 처분은 당연무효이고, 그 시설은 주물인 몽리농지의 수분배자의 소유가 된다(대판 1967. 3. 7, 66누176).
> 6. <u>호텔의 각 방실에 시설된 텔레비전·전화기, 호텔세탁실에 시설된 세탁기·탈수기·드라이크리닝기, 호텔주방에 시설된 냉장고·제빙기, 호텔방송실에 시설된 VTR·앰프</u> 등은 적어도 호텔의 경영자나 이용자의 상용에 공여됨은 별론으로 하고, 주물인 부동산 자체의 경제적 효용에 직접 이바지하지 아니함은 경험칙상 명백하므로 <u>위 부동산에 대한 종물이라고 할 수는 없다</u>(대판 1985. 3. 26, 84다카269).
> 7. <u>신 폐수처리시설과 구 폐수처리시설</u>이 그 기능면에 있어서는 전체적으로 결합하여 유기적으로 작용함으로써 하나의 폐수처리장을 형성하고 그 기능을 수행한다 할 것이나, 신 폐수처리시설이 구 폐수처리시설 그 자체의 경제적 효용을 다하게 하는 시설이라고 할 수는 없을 것이므로 <u>신 폐수처리시설이 구 폐수처리시설의 종물이라고 할 수 없다</u>(대판 1997. 10. 10, 97다3750).

## 2. 주물과의 장소적 밀접성이 있을 것

## 3. 독립한 물건일 것

종물은 주물의 구성부분을 이루는 것이 아니라, 주물과는 독립한 물건이어야 한다. 법률상 독립한 물건인 이상 동산이건 부동산이건 상관없다.

> **판례**
>
> 1. 낡은 가재도구 등의 보관장소로 사용되고 있는 방과 연탄창고 및 공동변소는 본채에서 떨어져 축조되어 있기는 하나 본채의 종물이다(대판 1991. 5. 14, 91다2779).
> 2. 정화조는 건물의 대지가 아닌 인접한 다른 필지의 지하에 설치되어 있다 하더라도 독립된 물건으로서 종물이라기보다는 건물의 구성부분으로 보아야 할 것이다(대판 1993. 12. 10, 93다42399).

## 4. 주물과 종물의 소유자가 동일할 것

> **판례**
>
> 1. 주물의 소유자가 아닌 사람 소유인 물건이 종물이 될 수 있는지 여부(소극) : 종물은 물건의 소유자가 그 물건의 상용에 공하기 위하여 자기 소유인 다른 물건을 이에 부속하게 한 것을 말하므로 주물과 다른 사람의 소유에 속하는 물건은 종물이 될 수 없다(대판 2008. 5. 8, 2007다36933 · 36940).
> 2. 민법 제100조는 종물에 관하여 '자기 소유인 다른 물건'이라고 규정하고 있어 종물이 주물소유자의 소유 물인 것을 전제로 하고 있지만, 종물이 타인의 소유라고 하더라도 그 타인의 권리를 해하지 아니하는 범위에서 민법 제100조가 적용된다고 할 것이고, 따라서 주물이 처분된 경우에 종물의 소유자가 동의 또는 추인하거나, 종물이 동산인 경우에 상대방이 선의취득의 요건을 갖추면 종물의 소유권을 취득하게 되는 것이다(대판 2002. 2. 5, 2000다38527).

## 03  종물의 효과

### 1. 종물은 주물의 처분에 따른다(제100조 제2항).

종물은 주물과 법률적 운명을 함께한다는 의미이다. 다만, 제100조 제2항은 임의규정이므로 당사자의 특약으로 종물만을 따로 처분할 수 있다.

### 2. 저당권의 효력은 저당부동산의 종물에 미친다(제358조).

주물 위에 저당권이 설정된 경우에 그 저당권의 효력은 저당권설정 당시의 종물은 물론 설정 후의 종물에 대해서도 미친다고 본다.

### 3. 종물이론의 한계

점유를 요건으로 하는 권리인 취득시효(제245조)·유치권(제320조)·질권(제329조)의 경우에는 그러한 권리의 성질상 주물 이외에 종물에 대해서도 점유가 요구되며, 만약 주물만을 점유하였다면 종물에 대해서는 위와 같은 권리가 인정되지 않는 것으로 해석한다. 예컨대, 취득시효의 경우 주물 외에 종물도 점유하여야 종물도 시효취득할 수 있으며, 주물만 유치한 경우 그 유치권의 효력은 종물에 미치지 않으며, 주물을 인도하는 것 외에 종물인 동산도 인도하여야 질권의 효력이 종물에도 미친다.

### 4. 종물이론의 유추적용

주물·종물의 이론은 원래 물건 상호 간의 관계에 관한 것이지만, 권리 상호 간에도 유추적용된다. 예컨대 건물이 양도되면 그 건물을 위한 지상권이나 대지의 임차권도 건물양수인에게 이전되고, 원본채권이 양도되면 이자채권도 이에 따른다.

## 제4절 원물과 과실

제101조 【천연과실, 법정과실】 ① 물건의 용법에 의하여 수취하는 산출물은 천연과실이다.
② 물건의 사용대가로 받는 금전 기타의 물건은 법정과실로 한다.
제102조 【과실의 취득】 ① 천연과실은 그 원물로부터 분리하는 때에 이를 수취할 권리자에게 속한다.
② 법정과실은 수취할 권리의 존속기간일수의 비율로 취득한다.

### 01 천연과실

천연과실의 수취권자는 원칙적으로 원물의 소유자(제211조)이지만 예외적으로 선의의 점유자(제 201조 제1항), 지상권자(제279조), 전세권자(제303조), 유치권자(제323조), 질권자(제343조), 저당부 동산을 압류한 저당권자(제359조), 목적물 인도 전의 매도인(제587조), 사용차주(제609조), 임차인 (제618조), 친권자(제923조), 수유자(제1079조), 양도담보설정자 등도 과실수취권을 갖는다.

판례

돼지를 양도담보의 목적물로 하여 소유권을 양도하되 점유개정의 방법으로 양도담보설정자가 계속하여 점유·관리하 면서 무상으로 사용·수익하기로 약정한 경우, 양도담보 목적물로서 원물인 돼지가 출산한 새끼 돼지는 천연과실에 해당하고 그 천연과실의 수취권은 원물인 돼지의 사용·수익권을 가지는 양도담보 설정자에게 귀속되므로, 다른 특별 한 약정이 없는 한 천연과실인 새끼 돼지에 대하여는 양도담보의 효력이 미치지 않는다(대판 1996. 9. 10, 96다25463).

### 02 법정과실

물건의 사용대가로 받는 금전 기타의 물건(집세, 지료)이 법정과실이다(제101조 제2항). 금전도 물건이므로 그 이용대가인 이자도 법정과실에 해당한다(통설). 그러나 노동의 대가(임금)나 권 리사용의 대가(예 주식의 배당금, 특허권의 사용료)는 법정과실이 아니고, 지연이자도 손해배상의 일 종이기 때문에 법정과실이 아니다.

판례

1. 국립공원의 입장료는 토지의 사용대가라는 민법상 과실이 아니라 수익자 부담의 원칙에 따라 국립공원의 유지·관리비용의 일부를 국립공원 입장객에게 부담시키고자 하는 것이어서 토지의 소유권이나 그에 기한 과실수취권과는 아무런 관련이 없다(대판 2001. 12. 28, 2000다27749).
2. 민법 제201조 제1항에 의하면 선의의 점유자는 점유물의 과실을 취득한다고 규정하고 있는바, 건물을 사용 함으로써 얻은 이득은 그 건물의 과실에 준하는 것이므로, 선의의 점유자는 비록 법률상 원인 없이 타인의 건물을 점유·사용하고 이로 말미암아 그에게 손해를 입혔다 하더라도 그 점유·사용으로 인한 이득을 반 환할 의무는 없다(대판 1996. 1. 26, 95다44290).

행정사
조민기 민법총칙

# 04

# 권리의 변동

Chapter 01  권리변동 서론

Chapter 02  법률행위

Chapter 03  의사표시

Chapter 04  법률행위의 대리

Chapter 05  법률행위의 무효와 취소

Chapter 06  법률행위의 조건과 기한

Chapter 07  기간

Chapter 08  소멸시효

# 권리변동 서론

## 01 권리변동의 모습

### 1. 권리의 발생

#### (1) 절대적 발생(원시취득)

어떤 권리가 타인의 권리에 기함이 없이 특정인에게 새로 발생하는 것을 말한다. 예컨대 시효취득(제245조), 선의취득(제249조), 무주물선점(제252조), 유실물 습득(제253조), 건물의 신축 등이다.

#### (2) 상대적 발생(승계취득)

어떤 권리가 타인의 권리에 기하여 특정인에게 승계적으로 발생하는 것을 말한다.

① **이전적 승계**: 구 권리자에 속하고 있었던 권리가 그 동일성을 유지하면서 그대로 신 권리자에게 이전되는 경우로서, 이는 다시 ㉠ 개개의 권리가 개개의 취득원인에 의해 취득되는 특정승계(예 매매, 교환)와 ㉡ 하나의 취득원인에 의해 다수의 권리가 일괄적으로 취득되는 포괄승계(예 상속, 포괄유증, 회사합병)로 나누어진다.

② **설정적 승계**: 구 권리자의 권리는 그대로 존속하면서 신 권리자가 그 권리의 내용 일부에 어떤 권리를 취득하는 경우(예 소유권자로부터 지상권·저당권을 설정받는 경우)이다.

### 2. 권리의 변경

#### (1) 주체의 변경

#### (2) 내용의 변경

① **질적 변경**: 본래의 채권의 손해배상채권으로의 변경, 선택채권의 단순채권으로의 변경, 질권이나 저당권에서의 물상대위, 대물변제 등이 이에 해당한다.

② **양적 변경**: 첨부에 의한 소유권의 양적 확대, 제한물권의 설정이나 소멸 등이다.

#### (3) 작용의 변경

선순위저당권의 소멸에 의해 후순위저당권의 순위가 변경되는 것, 임차권이 대항요건을 갖춘 경우, 채권양도에서 대항요건을 갖춘 경우 등을 말한다.

## 3. 권리의 소멸

### (1) 절대적 소멸(객관적 소멸)

### (2) 상대적 소멸(주관적 소멸)

## 02 법률사실의 분류

## 1. 용태

### (1) 외부적 용태

① **적법행위**

　㉠ **의사표시**: 일정한 법률효과의 발생을 의욕하는 의사의 표시행위(예 청약·승낙·해제·동의·추인·철회 등)로, 법률행위의 불가결의 구성요소이다.

　㉡ **준법률행위**

　　ⓐ **표현행위**

　　　• **의사의 통지**: 각종의 최고(제15조 등), 각종의 거절(제16조 등)

　　　• **관념의 통지**: 사원총회소집의 통지(제71조), 대리권을 수여한 뜻의 통지(제125조), 채무의 승인(제168조), 채권양도의 통지나 승낙(제450조)

　　　• **감정의 표시**: 수증자의 망은행위에 대한 증여자의 용서(제556조 제2항), 배우자의 부정에 대한 용서(제841조)

　　ⓑ **비표현행위(사실행위)**

　　　• **순수사실행위**: 매장물 발견(제254조), 주소의 설정, 가공(제259조) 등

　　　• **혼합사실행위**: 부부의 동거, 사무관리, 무주물선점(제252조), 물건의 인도 등

② **위법행위**: 불법행위(제750조)와 채무불이행(제390조)

### (2) 내부적 용태

① **관념적 용태**: 선의, 악의, 정당한 대리인이라는 신뢰(제126조) 등

② **의사적 용태**: 소유의 의사(제197조), 제3자의 변제에 있어서의 채무자의 의사(제469조), 사무관리의 경우의 본인의 의사(제734조) 등

## 2. 사건

부합, 혼화, 혼동, 부당이득 등

# 02  법률행위

## 01 법률행위 일반론

### 1. 법률행위의 의의

법률행위란 일정한 법률효과의 발생을 원하는 하나 또는 수 개의 의사표시를 불가결의 요소로 하는 법률요건이다.

### 2. 법률행위의 요건

#### (1) 의의

법률행위의 효력을 주장하는 자가 성립요건의 입증책임을 부담하며, 법률행위의 효력 발생을 저지하려는 자가 효력요건의 부존재를 입증하여야 한다.

#### (2) 성립요건

① **일반적 성립요건**: 법률행위의 당사자, 법률행위의 목적, 의사표시
② **특별 성립요건**: 유언의 방식, 혼인의 신고

#### (3) 효력요건

① **일반적 효력요건**
　㉠ 당사자가 권리능력·행위능력·의사능력을 가질 것
　㉡ 법률행위의 목적이 확정성·가능성·적법성·사회적 타당성을 가질 것
　㉢ 의사표시에 있어서 의사와 표시가 일치하고, 하자가 없을 것
② **특별 효력요건**: 미성년자·피한정후견인의 법률행위에서의 법정대리인의 동의, 대리행위에 있어서의 대리권의 존재, 조건부·기한부 법률행위의 조건의 성취·기한의 도래, 유언에서 유언자의 사망 등

## 02 법률행위의 분류

### 1. 단독행위 · 계약 · 합동행위

#### (1) 단독행위

① **상대방 있는 단독행위**: 동의, 채무면제, 상계, 추인, 취소, 해제, 해지 등
② **상대방 없는 단독행위**: 유언, 유증, 재단법인의 설립행위, 소유권과 점유권의 포기, 상속의 포기 등

#### (2) 계약

청약과 승낙이라는 두 개의 대립되는 의사표시의 합치에 의하여 성립하는 법률행위

#### (3) 합동행위

평행적 · 구심적으로 방향을 같이하는 2개 이상의 의사표시가 합치하여 성립하는 법률행위 (예 사단법인설립행위)

### 2. 채권행위 · 물권행위 · 준물권행위

#### (1) 채권행위

채권을 발생시키는 법률행위로, '이행'이라는 문제를 남기는 점에서 물권행위나 준물권행위와 다르다. 따라서 채권행위는 의무부담행위이고, 물권행위와 준물권행위는 처분행위에 속한다.

#### (2) 물권행위

물권의 발생 · 변경 · 소멸, 즉 물권의 변동을 일어나게 하는 의사표시를 요소로 하여 성립하는 법률행위로서, 즉각 물권변동이 일어나고 이행이라는 문제를 남기지 않는다(예 소유권이전, 제한물권의 설정).

#### (3) 준물권행위

물권 이외의 권리(예 채권, 지적재산권)를 종국적으로 변동시키고, '이행'이라는 문제를 남기지 않는 법률행위를 말한다(예 채권양도, 채무면제, 지적재산권의 양도).

## 03 법률행위의 목적

### 1. 법률행위의 목적의 의의

법률행위의 목적이란 법률행위를 하는 자가 그 법률행위에 의하여 발생시키려고 하는 법률효과를 말하며, 법률행위의 내용이라고 한다.

### 2. 목적의 확정성

법률행위의 목적은 확정되어 있거나 또는 확정할 수 있는 것이어야 한다. 목적이 불확정한 법률행위는 외형적으로는 법률행위의 모습을 갖추고 있더라도 무효이다.

> **판례**
>
> 매매 목적물과 대금은 반드시 그 계약 체결 당시에 구체적으로 확정하여야 하는 것은 아니고 이를 사후에라도 구체적으로 확정할 수 있는 방법과 기준이 정하여져 있으면 족한 것이고, 이 경우 그 약정된 기준에 따른 대금액의 산정에 관하여 당사자 간에 다툼이 있는 경우에는 법원이 이를 정할 수밖에 없다(대판 1996. 4. 26, 94다34432).

### 3. 목적의 가능성

#### (1) 의의

법률행위의 성립 당시에 법률행위의 목적이 실현 불능한 것이면 그 법률행위는 무효이다.

#### (2) 불능의 종류

① **원시적 불능·후발적 불능**

㉠ 의의: 법률행위의 성립 당시에 이미 그 법률행위의 목적이 실현 불가능한 경우를 원시적 불능이라 하고, 법률행위의 성립 당시에는 가능하였지만 그 이행 전에 불능으로 된 것을 후발적 불능이라 한다.

㉡ 효과

ⓐ 원시적 불능: 원시적(객관적·전부) 불능이 있으면 법률행위는 무효로 되나, 그 불능을 알았거나 알 수 있었을 자는 상대방이 계약의 유효를 믿었음으로 인하여 받은 손해를 배상하여야 한다. 그러나 그 배상액은 계약이 유효함으로 인하여 생길 이익액을 넘지 못한다(제535조).

ⓑ **후발적 불능**: 후발적 불능의 경우는 채무자의 고의·과실이 있으면 채무불이행(이 행불능)으로 인한 손해배상(제390조)이 문제되고, 채무자의 고의·과실이 없으면 위험부담(제537조·제538조)의 문제로 된다.

② **전부불능·일부불능**: 전부불능인 경우에는 법률행위 전부가 무효가 되지만, 일부불능인 경우에는 결국 일부무효의 법리(제137조)에 따라 처리된다.

## 4. 목적의 적법성

> **제105조【임의규정】** 법률행위의 당사자가 법령 중의 선량한 풍속 기타 사회질서에 관계없는 규정과 다른 의사를 표시한 때에는 그 의사에 의한다.

### (1) 강행규정과 임의규정

강행규정에 위반하는 내용의 법률행위는 부적법한 것으로서 무효이다. 강행규정이란 법령 중의 선량한 풍속 기타 사회질서에 관계있는 규정으로서, 당사자의 의사에 의해 그 적용을 배제할 수 없는 규정이다. 반면에, 임의규정이란 법령 중의 선량한 풍속 기타 사회질서에 관계없는 규정으로서, 당사자의 의사에 의해 그 적용을 배제할 수 있는 규정이다(제105조).

### (2) 효력규정과 단속규정

① **의의**: 강행규정에는 효력규정과 단속규정이 있다. 효력규정은 그에 위반하는 행위의 사법적 효과가 부정되는 것이고, 단속규정은 국가가 일정한 행위를 단속할 목적으로 그것을 금지하거나 제한하는 데 지나지 않기 때문에 그에 위반하여도 벌칙의 적용이 있을 뿐이고 행위 자체의 사법적 효과에는 영향이 없다.

② **판례상의 효력규정**
  ㉠ 의료인이나 의료법인 등 비영리법인 아닌 자의 의료기관 개설을 금지하는 규정
  ㉡ 부동산중개수수료의 상한을 정한 규정
  ㉢ 증권회사의 부당한 권유행위를 금지하는 규정
  ㉣ 상호신용금고의 채무부담제한에 관한 규정

③ **판례상의 단속규정**
  ㉠ 중간생략등기를 금지하는 규정
  ㉡ 비실명금융거래를 금지하는 규정
  ㉢ 투자일임매매약정을 제한하는 규정

판례⁺

1. 증권회사 또는 그 임직원의 부당권유행위를 금지하는 증권거래법 제52조 제1호(유가증권의 매매거래에 있어 고객에 대하여 당해 거래에서 발생하는 손실의 전부 또는 일부를 부담할 것을 약정하고 권유하는 행위 금지)는 공정한 증권거래질서의 확보를 위하여 제정된 <u>강행법규로서 이에 위배되는 주식거래에 관한 투자수익보장약정은 무효</u>이고, 투자수익보장이 강행법규에 위반되어 무효인 이상 증권회사의 지점장에게 그와 같은 약정을 체결할 권한이 수여되었는지 여부에 불구하고 그 약정은 여전히 무효이므로 <u>표현대리의 법리가 준용될 여지가 없다.</u> 그러나 일임매매의 제한에 관한 증권거래법 제107조는 고객을 보호하기 위한 규정으로서 증권거래에 관한 절차를 규정하여 거래질서를 확립하려는 데 그 목적이 있는 것이므로, 고객에 의하여 매매를 위임하는 의사표시가 된 것임이 분명한 이상 그 사법상 효력을 부인할 이유가 없고, 그 효력을 부인할 경우 거래 상대방과의 사이에서 법적 안정성을 심히 해하게 되는 부당한 결과가 초래되므로, 일임매매에 관한 증권거래법 제107조 위반의 약정도 사법상으로는 유효하다(대판 1996. 8. 23, 94다38199).
2. <u>개업공인중개사 등이 중개의뢰인과 직접 거래를 하는 행위를 금지하는 「공인중개사법」 제33조 제6호의 규정</u> 취지는 … 위 규정은 <u>강행규정이 아니라 단속규정이다</u>(대판 2017. 2. 3, 2016다259677).

## (3) 탈법행위

① **의의** : 탈법행위란 강행법규에 직접적으로 위반하지는 않지만 강행법규가 금지하고 있는 실질적인 내용을 다른 회피수단으로 달성하려는 행위(간접적 위반)를 말한다.

② **효과** : 탈법행위는 정면으로 강행규정에 위반하는 것은 아니지만, 그것은 법규의 정신에 반하고 법률이 인정하지 않는 결과의 발생을 목적으로 하기 때문에 원칙적으로 무효이다.

판례⁺

국유재산에 관한 사무에 종사하는 직원이 타인의 명의로 국유재산을 취득하는 행위는 강행법규인 같은 법 규정들의 적용을 잠탈하기 위한 탈법행위로서 무효이고, … 그 규정들에 위반하여 취득한 국유재산을 제3자가 전득하는 행위 또한 당연무효이다(대판 1997. 6. 27, 97다9529).

## 5. 목적의 사회적 타당성

> **제103조 【반사회질서의 법률행위】** 선량한 풍속 기타 사회질서에 위반한 사항을 내용으로 하는 법률행위는 무효로 한다.

## (1) 제103조의 의의

법률행위의 목적이 개개의 강행법규에 위반하지 않더라도 선량한 풍속 기타 사회질서에 위반하는 때, 즉 사회적 타당성을 잃고 있는 경우에는 무효이다.

## (2) 반사회질서 법률행위의 유형

판례

1. 수사기관에서 참고인으로 진술하면서 자신이 잘 알지 못하는 내용에 대하여 허위의 진술을 하는 경우에 그 허위진술행위가 범죄행위를 구성하지 않는다고 하여도, 이러한 행위 자체는 국가사회의 일반적인 도덕관념이나 국가사회의 공공질서이익에 반하는 행위라고 볼 것이니, 그 급부의 상당성 여부를 판단할 필요 없이 허위진술의 대가로 작성된 각서에 기한 급부의 약정은 민법 제103조의 반사회적 질서행위로 무효이다(대판 2001. 4. 24, 2000다71999).

2. 어느 당사자가 그 증언이 필요함을 기화로 증언하여 주는 대가로 용인될 수 있는 정도를 초과하는 급부를 제공받기로 한 약정은 반사회질서적인 금전적 대가가 결부된 경우로 그러한 약정은 제103조 소정의 반사회질서행위에 해당하여 무효로 된다(대판 1994. 3. 11, 93다40522).

3. 형사사건에서의 성공보수약정은 수사·재판의 결과를 금전적인 대가와 결부시킴으로써, 기본적 인권의 옹호와 사회정의의 실현을 사명으로 하는 변호사 직무의 공공성을 저해하고, 의뢰인과 일반 국민의 사법제도에 대한 신뢰를 현저히 떨어뜨릴 위험이 있으므로, 선량한 풍속 기타 사회질서에 위배되는 것으로 평가할 수 있다(대판 2015. 7. 23, 2015다200111).

4. 강제집행을 면할 목적으로 부동산에 허위의 근저당권설정등기를 경료하는 행위는 민법 제103조의 선량한 풍속 기타 사회질서에 위반한 사항을 내용으로 하는 법률행위로 볼 수 없다(대판 2004. 5. 28, 2003다70041).

5. 양도소득세의 회피 및 투기의 목적으로 자신 앞으로 소유권이전등기를 하지 아니하고 미등기인 채로 매매계약을 체결하였다 하여 그것만으로 그 매매계약이 사회질서에 반하는 법률행위로서 무효로 된다고 할 수·없다(대판 1993. 5. 25, 93다296).

6. [1] 위약벌의 약정은 손해배상의 예정에 관한 민법 제398조 제2항을 유추적용하여 그 액을 감액할 수는 없고, 다만 그 의무의 강제에 의하여 얻어지는 채권자의 이익에 비하여 약정된 벌이 과도하게 무거울 때에는 그 일부 또는 전부가 공서양속에 반하여 무효로 된다.
   [2] 백화점 수수료위탁판매매장계약에서 임차인이 매출신고를 누락하는 경우 판매수수료의 100배에 해당하고 매출신고누락분의 10배에 해당하는 벌칙금을 임대인에게 배상하기로 한 위약벌의 약정은 공서양속에 반하지 않는다(대판 1993. 3. 23, 92다46905).

7. 지역주택조합의 조합원 자격에 관한 구 주택법 제32조 제5항 및 구 주택법 시행령 제38조 제1항은 단순한 단속규정에 불과할 뿐 효력규정이라고 할 수 없어 당사자 사이에 이를 위반한 약정을 하였다고 하더라도 그 약정이 당연히 무효라고 할 수는 없다. 다만 당사자가 <통정하여> 위와 같은 단속규정을 위반하는 법률행위를 한 경우에 비로소 선량한 풍속 기타 사회질서에 위반한 사항을 내용으로 하는 법률행위에 해당하게 된다(대판 2022. 7. 14, 2021다281999·282008).

8. 도박채무의 변제를 위하여 채무자로부터 부동산의 처분을 위임받은 채권자가 그 부동산을 제3자에게 매도한 경우, 도박채무 부담행위 및 그 변제약정이 민법 제103조의 선량한 풍속 기타 사회질서에 위반되어 무효라 하더라도, 그 무효는 변제약정의 이행행위에 해당하는 위 부동산을 제3자에게 처분한 대금으로 도박채무의 변제에 충당한 부분에 한정되고, 위 변제약정의 이행행위에 직접 해당하지 아니하는 부동산 처분에 관한 대리권을 도박채권자에게 수여한 행위부분까지 무효라고 볼 수는 없으므로, 위와 같은 사정을 알지 못하는 거래 상대방인 제3자가 도박채무자부터 그 대리인인 도박채권자를 통하여 위 부동산을 매수한 행위까지 무효가 된다고 할 수는 없다(대판 1995. 7. 14, 94다40147).

9. 당초부터 오로지 보험사고를 가장하여 보험금을 취득할 목적으로 생명보험계약을 체결한 경우에 … 이와 같은 생명보험계약은 사회질서에 위배되는 법률행위로서 무효이다(대판 2000. 2. 11, 99다49064).

### (3) 동기의 불법

#### ① 의의

법률행위 자체는 사회질서에 위배되지 않으나, 그 법률행위를 하게 된 동기에 반사회성이 있는 경우(⑩ 도박자금을 마련하기 위해 돈을 빌린 경우)를 동기의 불법이라고 한다.

#### ② 동기의 불법과 법률행위의 효력

판례는 동기가 표시되거나 상대방에게 알려진 경우에 제103조를 적용한다.

> **판례**
>
> 민법 제103조에 의하여 무효로 되는 반사회질서 행위는 법률행위의 목적인 권리·의무의 내용이 선량한 풍속 기타 사회질서에 위반되는 경우뿐 아니라 그 내용 자체는 반사회질서적인 것이 아니라고 하여도 법률적으로 이를 강제하거나 법률행위에 반사회질서적인 조건 또는 금전적 대가가 결부됨으로써 반사회질서적 성질을 띠게 되는 경우 및 표시되거나 상대방에게 알려진 법률행위의 동기가 반사회질서적인 경우를 포함하나, 이상의 각 요건에 해당하지 아니하고 단지 법률행위의 성립과정에 강박이라는 불법적 방법이 사용된 데에 불과한 때에는 강박에 의한 의사표시의 하자나 의사의 흠결을 이유로 효력을 논의할 수는 있을지언정 반사회질서의 법률행위로서 무효라고 할 수는 없다(대판 2002. 12. 27, 2000다47361).

### (4) 제103조 위반의 효과

① 선량한 풍속 기타 사회질서에 반하는 법률행위는 절대적 무효이다. 따라서 그에 기한 이행이 있기 전이라면 이행할 필요가 없다. 또한, 당사자가 그 무효임을 알고 추인하여도, 이는 새로운 법률행위를 한 것으로서 효력이 발생하지 않는다.

② 법률행위가 제103조에 반하여 무효이면, 그 급부가 이미 이행된 경우에는 제746조의 불법원인급여가 되어 부당이득반환청구권이 배제된다. 또한 소유권에 기한 반환청구도 할 수 없다(판례).

> **판례**
>
> 1. 부당이득의 반환청구가 금지되는 사유로 민법 제746조가 규정하는 불법원인이라 함은 그 원인되는 행위가 선량한 풍속 기타 사회질서에 위반하는 경우를 말하는 것으로서 법률의 금지에 위반하는 경우라 할지라도 그것이 선량한 풍속 기타 사회질서에 위반하지 않는 경우에는 이에 해당하지 않는다. 따라서 구 담배사업법 소정의 등록도매업자 또는 지정소매인이 아닌 자가 담배 사재기를 위하여 한국담배인삼공사로부터 담배를 구입키로 하고 지급한 담배구입대금은 불법원인급여에 해당하지 않아 그 반환을 청구할 수 있다(대판 2001. 5. 29, 2001다1782).
> 2. 부동산 실권리자명의 등기에 관한 법률이 규정하는 명의신탁약정은 … 그 자체로 선량한 풍속 기타 사회질서에 위반하는 경우에 해당한다고 단정할 수 없을 뿐만 아니라, … 무효인 명의신탁약정에 기하여 타인 명의의 등기가 마쳐졌다는 이유만으로 그것이 당연히 불법원인급여에 해당한다고 볼 수 없다(대판 2003. 11. 27, 2003다41722).

3. 급여를 한 사람은 그 원인행위가 법률상 무효라 하여 상대방에게 부당이득을 원인으로 한 반환청구를 할 수 없음은 물론, 그 원인행위가 무효이기 때문에 급여한 물건의 소유권은 여전히 자기에게 있다고 하여, 소유권에 기한 반환청구도 할 수 없는 것이고, 그리하여 그 반사적 효과로서 급여한 물건의 소유권은 급여를 받은 상대방에게 귀속하게 되는 것이라고 해석함이 타당하다고 할 것이다(대판 전합 1979. 11. 13, 79다483).

4. 불법원인급여 후 급부를 이행받은 자가 급부의 원인행위와 별도의 약정으로 급부 그 자체 또는 그에 갈음한 대가물의 반환을 특약하는 것은 불법원인급여를 한 자가 그 부당이득의 반환을 청구하는 경우와는 달리 그 반환약정 자체가 사회질서에 반하여 무효가 되지 않는 한 유효하다(대판 2010. 5. 27, 2009다12580).

## ⑸ 부동산의 이중매매

① **의의**: 부동산의 이중매매란 매도인이 특정 부동산에 관하여 어느 자(제1매수인)에게 매도하고 아직 소유권이전등기를 경료하지 않은 상태에서, 다른 자(제2매수인)에게 다시 매도한 후 그 앞으로 소유권이전등기를 경료한 경우를 말한다.

② **부동산의 이중매매가 유효인 경우**

우리 민법은 법률행위로 인한 부동산물권변동은 등기하지 않으면 효력이 생기지 않는다(제186조)고 규정하므로, 등기이전을 하지 않는 한 제1매수인은 단순한 채권자적 지위를 가질 뿐이고, 제2매수인이 양도인의 배임행위에 적극 가담한 사실이 없는 한 먼저 이전등기를 경료하면 소유권을 취득한다. 이중매매가 유효하여 제2매수인이 소유권을 취득하면, 매도인의 제1매수인에 대한 부동산의 소유권이전의무는 이행불능의 상태에 빠지게 된다. 따라서 제1매수인은 매도인에 대하여 이행불능으로 인한 손해배상을 청구할 수 있다(제390조).

③ **부동산의 이중매매가 무효인 경우**

㉠ 무효로 되기 위한 요건: 부동산이중매매가 사회적 타당성이 없는 법률행위로서 무효가 되기 위해서는 매도인의 배임행위와, 제2매수인이 매도인의 배임행위에 적극 가담한 행위로 이루어진 매매로서, 그 적극 가담하는 행위는 제2의 매수인이 다른 사람에게 매매목적물이 매도된 것을 안다는 것만으로는 부족하고, 적어도 그 매도사실을 알고도 매도를 요청하여 매매계약에 이르는 정도가 되어야 한다(판례).

㉡ 제1매수인의 등기말소청구권의 대위(代位)행사: 부동산의 이중매매가 사회질서에 위반하는 경우에 제1매수인은 매도인을 대위하여 제2매수인에 대해 등기말소를 청구할 수 있다(판례).

㉢ 제2매수인으로부터 선의로 전득한 자의 법적 지위: 부동산의 이중매매가 반사회적 법률행위에 해당하는 경우에는 이중매매계약은 절대적으로 무효이므로, 당해 부동산을 제2매수인으로부터 다시 취득한 전득자도 선의·악의를 불문하고 소유권을 취득할 수 없다(판례).

PART 04

## (6) 불공정한 법률행위(폭리행위)

> **제104조【불공정한 법률행위】** 당사자의 궁박, 경솔 또는 무경험으로 인하여 현저하게 공정을 잃은 법률행위는 무효로 한다.

① **의의**: 불공정한 법률행위란 당사자의 궁박, 경솔 또는 무경험으로 인하여 현저하게 공정을 잃은 법률행위를 말한다.

② **요건**

　㉠ 객관적 요건: 급부와 반대급부 간의 현저한 불균형은 객관적으로 존재하여야 한다. 판단하는 시점은 법률행위를 한 때를 기준으로 한다.

　㉡ 주관적 요건

　　ⓐ 궁박·경솔·무경험 중 하나만 갖추면 되고 3가지를 동시에 충족시킬 필요는 없다.

　　ⓑ 불공정한 법률행위가 되기 위해서는 폭리자가 상대방의 궁박·경솔 또는 무경험을 단순히 인식하고 있는 것만으로는 불충분하고, 그러한 사정을 알면서 이를 이용하려는 의사, 즉 폭리행위의 악의가 있어야 한다.

**판례**

1. 민법 제104조에 규정된 불공정한 법률행위에서 '<u>궁박</u>'이라 함은 '급박한 곤궁'을 의미하는 것으로서 <u>경제적 원인에 기인할 수도 있고 정신적 또는 심리적 원인에 기인할 수도 있으며</u>, '<u>무경험</u>'이라 함은 일반적인 생활체험의 부족을 의미하는 것으로서 <u>어느 특정 영역에 있어서의 경험부족이 아니라 거래일반에 대한 경험부족을 뜻하고</u>, … 한편 피해 당사자가 궁박, 경솔 또는 무경험의 상태에 있었다고 하더라도 그 상대방 당사자에게 그와 같은 <u>피해 당사자 측의 사정을 알면서 이를 이용하려는 의사</u>, 즉 폭리행위의 악의가 없었다거나 또는 <u>객관적으로 급부와 반대급부 사이에 현저한 불균형</u>이 존재하지 아니한다면 불공정 법률행위는 성립하지 않는다. 대리인에 의하여 법률행위가 이루어진 경우 … <u>경솔과 무경험은 대리인을 기준으로</u> 하여 판단하고, <u>궁박은 본인의 입장</u>에서 판단하여야 한다(대판 2002. 10. 22, 2002다38927).

2. 급부와 반대급부 사이의 '현저한 불균형'은 단순히 시가와의 차액 또는 시가와의 배율로 판단할 수 있는 것은 아니고 구체적·개별적 사안에 있어서 일반인의 사회통념에 따라 결정하여야 한다. 그 <u>판단에 있어서는 피해 당사자의 궁박·경솔·무경험의 정도가 아울러 고려되어야</u> 하고, 당사자의 주관적 가치가 아닌 거래상의 객관적 가치에 의하여야 한다(대판 2010. 7. 15, 2009다50308).

　㉢ 입증책임: 법률행위가 현저하게 공정을 잃었다고 하여 곧 그것이 궁박·경솔하게 이루어진 것으로 추정되지 아니하므로, 본 조의 불공정한 법률행위의 법리가 적용되려면 그 주장하는 측에서 궁박·경솔 또는 무경험으로 인하였음을 증명하여야 한다(판례).

③ **효과**: 불공정한 법률행위는 무효이다(제104조). 따라서 아직 급부가 이행되지 않은 경우에는 폭리자는 물론이고 피해자도 급부의 이행을 청구할 수 없다. 급부가 이행된 경우에는 불법원인이 폭리자에게만 있으므로, 폭리자가 피해자에게 한 급부는 반환을 청구할 수 없으나(제746조 본문), 피해자는 폭리자에 대하여 이미 급부한 것의 반환을 청구할 수 있다(제746조 단서).

**판례**

1. 매매계약과 같은 쌍무계약이 '불공정한 법률행위'에 해당하여 무효라고 한다면, 그 계약으로 인하여 불이익을 입는 당사자로 하여금 위와 같은 불공정성을 소송 등 사법적 구제수단을 통하여 주장하지 못하도록 하는 부제소합의 역시 다른 특별한 사정이 없는 한 무효이다(대판 2010. 7. 15, 2009다50308).

2. 채무자인 회사가 남편의 징역을 면하기 위하여 부정수표를 회수하려면 물품 외상대금 중 금 100만 원을 초과하는 채권에 대한 포기서를 써야 된다는 강압적인 요구를 하므로 사회적 경험이 부족한 가정부인이 경제적·정신적 궁박상태하에서 구속된 자기 남편을 석방 구제하는 데에는 위 수표의 회수가 필요할 것이라는 일념에서 회사에 대한 물품잔대금채권이 얼마인지조차 확실히 모르면서 보관 중이던 남편의 인감을 이용하여 남편을 대리하여 위임장과 포기서를 작성하여 준 채권포기행위는 거래관계에 있어서 현저하게 균형을 잃은 행위로서 사회적 정의에 반하는 불공정한 법률행위로 보는 것이 상당하다(대판 1975. 5. 13, 75다92).

## 04 법률행위의 해석

### 1. 법률행위 해석의 의의

법률행위의 해석이란 법률행위의 내용(목적)을 명확히 하는 것을 말한다.

**판례**

1. 법률행위의 해석은 당사자가 그 표시행위에 부여한 객관적인 의미를 명백하게 확정하는 것으로서, 서면에 사용된 문구에 구애받는 것은 아니지만 어디까지나 당사자의 내심적 의사의 여하에 관계없이 그 서면의 기재내용에 의하여 당사자가 그 표시행위에 부여한 객관적 의미를 합리적으로 해석하여야 하는 것이다(대판 1996. 10. 25, 96다16049).

2. [1] 처분문서는 그 성립의 진정함이 인정되는 이상 법원은 그 기재 내용을 부인할 만한 분명하고도 수긍할 수 있는 반증이 없으면 처분문서에 기재된 <문언>대로 의사표시의 존재와 내용을 인정하여야 한다.

   [2] 하나의 법률관계를 둘러싸고 각기 다른 내용을 정한 여러 개의 계약서가 순차로 작성되어 있는 경우 당사자가 그러한 계약서에 따른 법률관계나 우열관계를 명확하게 정하고 있다면 그와 같은 내용대로 효력이 발생한다. 그러나 여러 개의 계약서에 따른 법률관계 등이 명확히 정해져 있지 않다면 각각의 계약서에 정해져 있는 내용 중 서로 양립할 수 없는 부분에 관해서는 원칙적으로 나중에 작성된 계약서에서 정한 대로 계약 내용이 변경되었다고 해석하는 것이 합리적이다(대판 2020. 12. 30, 2017다17603).

3. 일반적으로 계약을 해석할 때에는 형식적인 문구에만 얽매여서는 안 되고 쌍방당사자의 진정한 의사가 무엇인가를 탐구하여야 한다. 계약 내용이 명확하지 않은 경우 계약서의 문언이 계약 해석의 출발점이지만, 당사자들 사이에 계약서의 문언과 다른 내용으로 의사가 합치된 경우 그 의사에 따라 계약이 성립한 것으로 해석하여야 한다. … 이러한 법리는 계약서가 두 개의 언어본으로 작성된 경우에도 적용될 수 있다. 두 언어본이 일치하지 않는 경우 당사자의 의사가 어느 한쪽을 따르기로 일치한 때에는 그에 따르고, 그렇지 않은 때에는 위에서 본 계약 해석 방법에 따라 그 내용을 확정해야 한다(대판 2021. 3. 25, 2018다275017).

4. 계약당사자가 누구인지는 계약에 관여한 당사자의 의사해석의 문제로서 이에 관한 당사자들의 의사가 합치되지 않는 경우 계약의 성질, 내용, 체결 경위 및 계약 체결을 전후한 구체적인 제반 사정을 토대로 상대방이 합리적인 인간이라면 누구를 계약당사자로 이해하였을 것인지를 기준으로 당사자를 결정하고, 계약의 성립 여부와 효력을 판단함이 상당하다(대판 2023. 6. 15, 2022다247422).

5. 계약 내용이 명확하지 않은 경우 계약서의 문언이 계약 해석의 출발점이지만, 당사자들 사이에 계약서의 문언과 다른 내용으로 의사가 합치된 경우에는 의사에 따라 계약이 성립한 것으로 해석하여야 한다. 계약당사자 쌍방이 모두 동일한 물건을 계약 목적물로 삼았으나 계약서에는 착오로 다른 물건을 목적물로 기재한 경우 계약서에 기재된 물건이 아니라 쌍방 당사자의 의사합치가 있는 물건에 관하여 계약이 성립한 것으로 보아야 한다. 이러한 법리는 계약서를 작성하면서 계약상 지위에 관하여 당사자들의 합치된 의사와 달리 착오로 잘못 기재하였는데 계약 당사자들이 오류를 인지하지 못한 채 계약상 지위가 잘못 기재된 계약서에 그대로 기명날인이나 서명을 한 경우에도 동일하게 적용될 수 있다(대판 2018. 7. 26, 2016다242334).

6. 매매계약서에 계약사항에 대한 이의가 생겼을 때에는 매도인의 해석에 따른다는 조항은 법원의 법률행위 해석권을 구속하는 조항이라고 볼 수 없다(대판 1974. 9. 24, 74다1057).

## 2. 법률행위 해석의 방법

### (1) 자연적 해석

① **자연적 해석의 의의**: 자연적 해석이란 표의자의 시각에서 표현의 문자적·언어적 의미에 구속되지 아니하고 표의자의 실제의 의사, 즉 내심적 효과의사를 추구하는 해석을 말한다.

② **자연적 해석의 적용범위**

　㉠ 상대방 없는 단독행위 : 유언과 같은 상대방 없는 의사표시에 있어서는 보호하여야 할 상대방이 없기 때문에, 그 해석에 있어서는 표의자의 진정한 의사를 확정하여야 한다.

　㉡ 오표시(誤表示)무해(無害)의 원칙

**판례**

부동산의 매매계약에 있어 쌍방당사자가 모두 특정의 X토지를 계약의 목적물로 삼았으나 그 목적물의 지번 등에 관하여 착오를 일으켜 계약을 체결함에 있어서는 계약서상 그 목적물을 X토지와는 별개인 Y토지로 표시하였다 하여도 X토지에 관하여 이를 매매의 목적물로 한다는 쌍방당사자의 의사합치가 있는 이상 위 매매계약은 X토지에 관하여 성립한 것으로 보아야 할 것이고 Y토지에 관하여 매매계약이 체결된 것으로 보아서는 안 될 것이며, 만일 Y토지에 관하여 위 매매계약을 원인으로 하여 매수인 명의로 소유권이전등기가 경료되었다면 이는 원인이 없이 경료된 것으로서 무효이다(대판 1993. 10. 26, 93다2629·2636).

### (2) 규범적 해석

규범적 해석은 내심의 효과의사와 표시행위가 일치하지 아니한 경우에, 상대방의 시각에서 표시행위에 따라 법률행위의 성립을 인정하는 해석이다.

> **판례**
>
> 1. 총완결이라는 문언이 부기된 영수증에 있어서 동 영수증 작성경위가 그렇게 쓰지 아니하면 돈을 주지 않겠다고 하기에 당시 궁박한 사정에 비추어 <u>우선 돈받기 위하여 거짓 기재한 것이라는 이유만으로는 총완결이란 의사표시가 당연무효라고 할 수 없고, 영수한 돈으로 모두 결재가 끝났다는 것을 표시한 원고의 의사표시라고 해석된다</u>(대판 1969. 7. 8, 69다563).
> 2. 모든 경우의 화재에 대하여도 임차인이 그 손해를 부담하기로 특약을 하였다면 위의 모든 경우라 함은 이른바 <u>불가항력의 경우까지도 포함하는 뜻이라고 해석함이 상당하다</u>(대판 1979. 5. 22, 79다508).
> 3. 상호신용금고의 임직원이 자신이 소개한 대출에 관하여 그 관계서류에 "회수책임"이라고 기재한 것은, 대출을 소개한 자로서 채무가 연체되지 않도록 사후관리를 하고 연체되거나 끝내 대출금이 변제되지 않는 경우에는 상호신용금고가 손해를 입지 않도록 대출금채무의 변제에 최선의 노력을 다하겠다는 취지를 기재한 것에 지나지 않고, <u>그 대출금채무에 관하여 민법상 보증채무를 부담하기로 의사표시를 한 것으로 해석할 수는 없다</u>(대판 1992. 5. 26, 91다35571).
> 4. 어떠한 의무를 부담하는 내용의 기재가 있는 문면에 '최대한 노력하겠습니다.', '최대한 협조한다.' 또는 '노력하여야 한다.'고 기재되어 있는 경우, 특별한 사정이 없는 한 <u>당사자가 위와 같은 문구를 기재한 의미는 문면 그 자체로 볼 때 그러한 의무를 법적으로는 부담할 수 없지만 사정이 허락하는 한 그 이행을 사실상 하겠다는 취지로 해석함이 타당하다.</u> 다만 … <u>당사자가 그러한 의무를 법률상 부담할 의사였다고 볼 만한 특별한 사정이 인정되는 경우에는 위와 같은 문구에도 불구하고 법적으로 구속력이 있는 의무로 보아야 한다</u>(대판 2021. 1. 14, 2018다223054).

### (3) 보충적 해석

보충적 해석이란 법률행위의 내용에 공백(틈·간극)이 있는 경우를 해석에 의하여 보충하는 것을 말한다.

> **판례**
>
> 계약당사자 쌍방이 계약의 전제나 기초가 되는 사항에 관하여 같은 내용으로 착오가 있고 이로 인하여 그에 관한 구체적 약정을 하지 아니하였다면, 당사자가 <u>그러한 착오가 없을 때에 약정하였을 것으로 보이는 내용으로 당사자의 의사를 보충하여 계약을 해석할 수 있는바, 여기서 보충되는 당사자의 의사는 당사자의 실제 의사 또는 주관적 의사가 아니라 계약의 목적, 거래관행, 적용법규, 신의칙 등에 비추어 객관적으로 추인되는 정당한 이익조정의사를 말한다</u>(대판 2006. 11. 23, 2005다13288).

## 3. 법률행위해석의 표준

> **제106조 【사실인 관습】** 법령 중의 선량한 풍속 기타 사회질서에 관계없는 규정과 다른 관습이 있는 경우에 당사자의 의사가 명확하지 아니한 때에는 그 관습에 의한다.

### (1) 당사자가 기도하는 목적

### (2) 사실인 관습

### (3) 임의규정

### (4) 신의성실의 원칙

# 의사표시

## 01 의사표시 일반론

### 1. 의사표시의 의의

의사표시란 일정한 법률효과의 발생을 원하는 내심의 의사를 외부에 표시하는 행위로서, 법률행위를 구성하는 필수불가결의 요소인 법률사실이다.

### 2. 의사표시의 구성요소

#### (1) 의사적 요소

① **효과의사** : 효과의사의 본체가 '표시상의 효과의사'인가, '내심의 효과의사'인가에 대하여 견해가 대립하나, 다수설은 의사표시의 요소가 되는 효과의사는 표시행위로부터 추단되는 '표시상의 효과의사'로 파악한다.

② **표시의사** : 표시의사란 효과의사를 외부에 발표하려는 의사를 말한다. 즉, 표시의사는 효과의사와 표시행위를 심리적으로 매개하는 의사이다. 이러한 표시의사를 의사표시의 요소로 볼 것인가에 대하여 학설이 대립하고 있다. 표시의사를 의사표시의 구성요소로 보지 않는 경우에는 표시의사가 존재하지 않더라도 의사표시는 성립되며, 다만 의사와 표시 간의 불일치의 문제가 발생될 수 있을 뿐이다. 다수설은 표시의사를 의사표시의 요소에 포함시키지 않고 있다.

③ **행위의사** : 행위의사는 행위자가 의식적인 거동으로서 일정한 행위를 하려고 하는 의사이다. 이러한 행위의사를 결여한 표시행위는 표시행위가 아니다.

#### (2) 행위적 요소

표시행위는 효과의사를 외부에 표명하는 행위이다. 언어·문자뿐만 아니라 머리의 끄덕임과 같은 거동은 물론 침묵도 때로는 표시행위가 될 수 있다.

## 02 진의 아닌 의사표시

> **제107조 【진의 아닌 의사표시】** ① 의사표시는 표의자가 진의 아님을 알고 한 것이라도 그 효력이 있다. 그러나 상대방이 표의자의 진의 아님을 알았거나 이를 알 수 있었을 경우에는 무효로 한다.
> ② 전항의 의사표시의 무효는 선의의 제3자에게 대항하지 못한다.

### 1. 의의

진의 아닌 의사표시(비진의표시)란 표시행위가 표의자의 내심의 의사와 다르다는 것을 표의자 스스로 알면서 하는 의사표시를 말한다.

### 2. 요건

### (1) 의사표시의 존재

### (2) 진의와 표시의 불일치

### (3) 표의자가 진의와 표시의 불일치를 알고 있을 것

> **판례**
>
> 1. 진의 아닌 의사표시에 있어서의 진의란 특정한 내용의 의사표시를 하고자 하는 표의자의 생각을 말하는 것이지 표의자가 진정으로 마음속에서 바라는 사항을 뜻하는 것은 아니므로, 표의자가 의사표시의 내용을 진정으로 마음속에서 바라지는 아니하였다고 하더라도 당시의 상황에서는 그것을 최선이라고 판단하여 의사표시를 하였을 경우에는 이를 내심의 효과의사가 결여된 진의 아닌 의사표시라고 할 수 없다 (대판 2000. 4. 25, 99다34475).
> 2. 비진의의사표시에 해당하여 그 표시행위에 나타난 대로의 법률효과가 발생하지 않기 위하여는 적어도 그 표시행위에 대응하는 내심의 효과의사, 즉 주채무자로서 채무를 부담한다는 의사가 존재하지 않았어야만 할 것인데, 법률상 또는 사실상의 장애로 자기 명의로 대출받을 수 없는 자를 위하여 대출금채무자로서의 명의를 빌려준 자에게 그와 같은 채무부담의 의사가 없는 것이라고는 할 수 없으므로 그 의사표시를 비진의표시에 해당한다고 볼 수 없고, 설령 명의대여자의 의사표시가 비진의표시에 해당한다고 하더라도 그 의사표시의 상대방인 상호신용금고로서는 명의대여자가 전혀 채무를 부담할 의사 없이 진의에 반한 의사표시를 하였다는 것까지 알았다거나 알 수 있었다고 볼 수도 없으므로 그 명의대여자는 표시행위에 나타난 대로 대출금채무를 부담한다(대판 1996. 9. 10, 96다18182).

PART 04

## 3. 효과

### (1) 원칙

비진의표시는 원칙적으로 표시된 대로 효력을 발생한다(제107조 제1항 본문).

### (2) 예외

상대방이 표의자의 진의 아님을 알았거나 이를 알 수 있었을 경우에는 비진의표시는 무효이다(제107조 제1항 단서).

> **판례**
>
> 1. 회사의 경영방침에 따라 중간퇴직 후 즉시 재입사하는 형식을 취한 경우 사직원제출은 근로자가 퇴직을 할 의사 없이 퇴직의사를 표시한 것으로서 비진의의사표시에 해당하고 재입사를 전제로 사직원을 제출케 한 회사 또한 그와 같은 진의 아님을 알고 있었다고 봄이 상당하다 할 것이므로 위 사직원 제출과 퇴직처리에 따른 퇴직의 효과는 생기지 아니한다(대판 2005. 4. 29, 2004두14090).
> 2. 증권회사 직원이 증권투자로 인한 고객의 손해에 대하여 책임을 지겠다는 내용의 각서를 작성해 준 사안에서, 그 각서를 단지 그동안의 손실에 대하여 사과하고 그 회복을 위해 최선을 다하겠다는 의미로 해석하는 것은 경험칙과 논리칙에 반하지만, 그 각서가 남편을 안심시키려는 고객의 요청에 따라 작성된 경위 등에 비추어 비진의 의사표시로서 무효이다(대판 1999. 2. 12, 98다45744).

### (3) 제3자에 대한 효과

비진의표시가 예외적으로 무효가 되는 경우에 그 무효는 선의의 제3자에게 대항하지 못한다(제107조 제2항).

## 4. 적용범위

### (1) 가족법상의 행위(신분행위)에는 부적용 – 언제나 무효

### (2) 공법행위 · 소송행위에 부적용 – 표시된 대로 효과 발생

### (3) 주식 인수의 청약에 부적용 – 언제나 유효

> **판례**
>
> 1. 공무원이 사직의 의사표시를 하여 의원면직처분을 하는 경우, … 비록 사직원제출자의 내심의 의사가 사직할 뜻이 아니었다고 하더라도 진의 아닌 의사표시에 관한 민법 제107조는 그 성질상 사직의 의사표시와 같은 사인의 공법행위에는 준용되지 아니하므로 그 의사가 외부에 표시된 이상 그 의사는 표시된 대로 효력을 발한다(대판 1997. 12. 12, 97누13962).

2. 민법의 법률행위에 관한 규정은 행위의 격식화를 특색으로 하는 공법행위에 당연히 타당하다고 말할 수 없으므로 **공법행위인 영업재개업신고에 민법 제107조는 적용될 수 없다**(대판 1978. 7. 25, 76누276).

3. 당사자의 **소송행위는** 일반 사법상의 행위와는 달리 내심의 의사보다 그 **표시를 기준으로 하여 그 효력 유무를 판정할 수밖에 없는 것이므로**, '소의 취하'가 내심의 의사에 반한 것이라고 하더라도 이를 **무효라고 볼 수는 없다**(대판 1983. 4. 12, 80다3251).

## ⟨03⟩ 허위표시

> **제108조【통정한 허위의 의사표시】** ① 상대방과 통정한 허위의 의사표시는 무효로 한다.
> ② 전항의 의사표시의 무효는 선의의 제3자에게 대항하지 못한다.

## 1. 의의 및 구별개념

### (1) 의의

(통정)허위표시란 표의자가 상대방과 통정하여 허위로 하는 의사표시를 말한다. 이러한 통정 허위표시에 의한 법률행위를 가장행위라 한다.

### (2) 구별개념

① **은닉행위**: 은닉행위란 가장행위에 의하여 은폐되는 행위를 말한다. 예컨대, 자기 소유의 부동산을 증여하면서 증여세를 포탈하기 위하여 매매를 원인으로 하여 소유권이전등기를 하는 경우에, 가장행위인 매매에 의하여 은폐되는 증여가 은닉행위이다. 가장행위는 허위표시로서 무효이지만, 은닉행위는 그 성립요건과 유효요건을 갖추고 있는 한 유효하다.

② **신탁행위**: 당사자가 어떤 경제적 목적을 달성하기 위해 일방(신탁자)이 타방(수탁자)에게 그 목적달성에 필요한 정도를 넘는 권리를 부여하고, 상대방으로 하여금 그 목적의 범위 내에서만 그 권리를 행사케 하려는 행위(예 양도담보 · 추심을 위한 채권양도)를 신탁행위라고 한다. 신탁행위는 당사자 사이에 일정한 경제적 목적에 의한 제한이 있으나, 실제로 소유권이전 또는 채권양도라는 법률효과를 의욕하고 있으므로 허위표시가 되지 않는다.

## 2. 요건

### ⑴ 의사표시의 존재

### ⑵ 진의와 표시의 불일치

### ⑶ 표의자가 진의와 표시의 불일치를 알고 있을 것

### ⑷ 상대방과의 통정이 있을 것

> **판례**
>
> 동일인에 대한 대출액 한도를 제한한 구 상호신용금고법 제12조의 적용을 회피하기 위하여 <u>실질적인 주채무자가 실제 대출받고자 하는 채무액 중 일부에 대하여 제3자를 형식상의 주채무자로 내세웠고 상호신용금고도 이를 양해하면서 제3자에 대하여는 채무자로서의 책임을 지우지 않을 의도하에 제3자 명의로 대출관계서류 및 약속어음을 작성받았음을 충분히 추단할 수 있는 경우</u>, 제3자는 형식상의 명의만을 빌려 준 자에 불과하고 그 대출계약의 실질적인 당사자는 상호신용금고와 실질적 주채무자이므로, <u>제3자 명의로 되어 있는 대출약정 및 약속어음 발행</u>은 상호신용금고의 양해하에 그에 따른 채무부담 의사 없이 형식적으로 이루어진 것에 불과하여 <u>통정허위표시에 해당하는 무효의 법률행위이다</u>(대판 1996. 8. 23, 96다18076).

## 3. 효과

### ⑴ 당사자 간의 효과

① **무효**: 허위표시는 당사자 사이에서는 언제나 무효이다(제108조 제1항). 따라서 이행을 하고 있지 않으면 이행할 필요가 없고, 이행한 후이면 허위표시로 이익을 얻은 자는 부당이득반환의무를 부담한다(제741조).

② 채무자가 상대방과 통정하여 가장행위를 한 경우에, 채권자는 허위표시로서 무효인 그 법률행위에 대해 채권자취소권을 행사할 수 있다(통설·판례).

### ⑵ 제3자에 대한 효과

① 허위표시의 무효는 선의의 제3자에게 대항하지 못한다(제108조 제2항).

② 여기서 제3자란 허위표시의 당사자 및 포괄승계인 이외의 자로서, 허위표시에 의하여 외형상 형성된 법률관계를 토대로 실질적으로 새로운 법률상 이해관계를 맺은 자를 말한다. 제108조 제2항의 제3자에 해당한다는 사실은 제3자가 주장·입증하여야 한다.

**판례**

1. 파산관재인은 파산자의 포괄승계인과 같은 지위를 가지게 되지만, ⋯ 파산관재인이 파산채권자 전체의 공동의 이익을 위하여 선량한 관리자의 주의로써 그 직무를 행하므로, <u>파산관재인은 파산선고에 따라 파산자와 독립하여 그 재산에 관하여 이해관계를 가지게 된 제3자로서의 지위도 가지게 되며, 따라서 <파산자가 상대방과 통정한 허위의 의사표시를 통하여 가장채권을 보유하고 있다가 파산이 선고된 경우> ⋯ 파산관재인은 그 허위표시에 따라 외형상 형성된 법률관계를 토대로 실질적으로 새로운 법률상 이해관계를 가지게 된 민법 제108조 제2항의 제3자에 해당한다</u>(대판 2003. 6. 24, 2002다48214).

2. 파산관재인이 민법 제108조 제2항의 경우 등에 있어 제3자에 해당하는 것은 파산관재인은 파산채권자 전체의 공동의 이익을 위하여 선량한 관리자의 주의로써 그 직무를 행하여야 하는 지위에 있기 때문이므로, <u>그 선의·악의도 파산관재인 개인의 선의·악의를 기준으로 할 수는 없고 총파산채권자를 기준으로 하여 파산채권자 모두가 악의로 되지 않는 한 파산관재인은 선의의 제3자라고 할 수 밖에 없다</u>(대판 2006. 11. 10, 2004다10299).

3. 보증인이 주채무자의 기망행위에 의하여 주채무가 있는 것으로 믿고 주채무자와 보증계약을 체결한 다음 그에 따라 보증채무자로서 그 채무까지 이행한 경우, ⋯ 그 보증인은 주채무자의 채권자에 대한 채무부담행위라는 허위표시에 기초하여 구상권 취득에 관한 법률상 이해관계를 가지게 되었다고 보아 <u>민법 제108조 제2항의 '제3자'에 해당한다</u>(대판 2000. 7. 6, 99다51258).

4. 구「상호신용금고법」 소정의 계약이전은 금융거래에서 발생한 계약상의 지위가 이전되는 사법상의 법률효과를 가져오는 것이므로, <u>계약이전을 받은 금융기관은 계약이전을 요구받은 금융기관과 대출채무자 사이의 통정허위표시에 따라 형성된 법률관계를 기초로 하여 새로운 법률상 이해관계를 가지게 된 민법 제108조 제2항의 제3자에 해당하지 않는다</u>(대판 2004. 1. 15, 2002다31537).

5. <u>乙이 甲으로부터 부동산에 관한 담보권설정의 대리권만 수여받고도 그 부동산에 관하여 자기 앞으로 소유권이전등기를 하고 이어서 丙에게 그 소유권이전등기를 경료한 경우, 丙은 乙을 甲의 대리인으로 믿고서 위 등기의 원인행위를 한 것도 아니고, 甲도 乙 명의의 소유권이전등기가 경료된 데 대하여 이를 통정·용인하였거나 이를 알면서 방치하였다고 볼 수 없다면 이에 제126조나 제108조 제2항을 유추할 수는 없다</u>(대판 1991. 12. 27, 91다3208).

③ **선의의 의미** : 선의란 의사표시가 허위표시임을 모르는 것을 말한다. 제3자는 선의로 추정되므로, 무효를 주장하는 자가 제3자의 악의를 입증하여야 한다.

## 04 착오로 인한 의사표시

**제109조【착오로 인한 의사표시】** ① 의사표시는 법률행위의 내용의 중요부분에 착오가 있는 때에는 취소할 수 있다. 그러나 그 착오가 표의자의 중대한 과실로 인한 때에는 취소하지 못한다.
② 전항의 의사표시의 취소는 선의의 제3자에게 대항하지 못한다.

PART 04

## 1. 의의 및 구별개념

### (1) 의의

착오에 의한 의사표시란 표시로부터 추단되는 의사(표시상의 효과의사)와 진의(내심의 효과의사)가 일치하지 않는 의사표시로서 그 불일치를 표의자 자신이 알지 못하는 것이다.

### (2) 불합의와 착오

불합의란 계약에 있어서 서로 대립하는 의사표시가 불일치하는 것이다. 착오는 법률행위의 중요부분에 관한 것일 때에 한하여 취소할 수 있으나, 무의식적 불합의가 있으면 계약 자체가 성립하지 않는다.

## 2. 착오의 유형

### (1) 표시상의 착오

표시행위 자체를 잘못(誤記)하여 내심적 효과의사와 표시상의 의사에 불일치가 생기는 경우를 말한다.

### (2) 내용의 착오(의미의 착오)

표시행위 자체에는 착오가 없으나, 표의자가 표시행위가 가지는 의미를 잘못 이해하는 것을 말한다.

### (3) 동기의 착오

① **의의** : 동기의 착오란 표시에 대응하는 내심의 의사는 존재하지만, 그 내심의 의사를 결정할 때의 동기에 착오가 있는 경우이다.

② **판례**

　㉠ 동기의 착오가 법률행위의 내용의 중요부분의 착오에 해당함을 이유로 표의자가 법률행위를 취소하려면 그 동기를 당해 의사표시의 내용으로 삼을 것을 상대방에게 표시하고 의사표시의 해석상 법률행위의 내용으로 되어 있다고 인정되면 충분하고, 당사자들 사이에 별도로 그 동기를 의사표시의 내용으로 삼기로 하는 합의까지 이루어질 필요는 없다.

　㉡ 다만, 예외적으로 동기가 상대방의 부정한 방법에 의하여 유발되었거나 상대방으로부터 제공된 경우에는 그 동기가 표시되지 않더라도 취소할 수 있다.

**판례**

1. 회사 소속 차량에 사람이 치여 부상당하였으나 사실은 회사차량 운전수에게는 아무런 과실이 없어 회사에 손해배상책임이 돌아올 수 없는 것임에도 불구하고 회사 사고담당직원이 회사 운전수에게 잘못이 있는 것으로 착각하고 회사를 대리하여 병원경영자와 간에 환자의 입원치료비의 지급을 연대보증하기로 계약한 경우는, 의사표시의 동기에 착오가 있는 것에 불과하므로, 특히 그 동기를 계약내용으로 하는 의사를 표시하지 아니한 이상 착오를 이유로 계약을 취소할 수 없다(대판 1979. 3. 27, 78다2493).

2. 반환소송을 당하게 되면 아무런 보상도 받지 못한 채 부동산을 반환하여야 할 것으로 착각하여 이를 매도하는 매매계약을 체결하였다 하더라도 이는 동기의 착오에 불과하므로 그와 같은 동기를 매매계약의 내용으로 삼았다는 특별한 사정이 없는 한 이를 이유로 매매계약을 취소할 수 없다(대판 1991. 11. 12, 91다10732).

3. 귀속해제된 토지인데도 귀속재산인 줄로 잘못 알고 국가에 증여를 한 경우 이러한 착오는 일종의 동기의 착오라 할 것이나 그 동기를 제공한 것이 관계 공무원이었고 그러한 동기의 제공이 없었더라면 위 토지를 선뜻 국가에 증여하지는 않았을 것이라면 그 동기는 증여행위의 중요부분을 이룬다고 할 것이므로 뒤늦게 그 착오를 알아차리고 증여계약을 취소했다면 그 취소는 적법하다(대판 1978. 7. 11, 78다719).

4. 시로부터 공원휴게소 설치시행허가를 받음에 있어 담당공무원이 법규오해로 인하여 잘못 회시한 공문에 따라 동기의 착오를 일으켜 법률상 기부채납의무가 없는 휴게소부지의 16배나 되는 토지 전부와 휴게소건물을 시에 증여한 경우 <휴게소부지와 그 지상시설물에 관한 부분을 제외한 나머지 토지에 관해서만> 법률행위의 중요부분에 관한 착오에 해당한다(대판 1990. 7. 10, 90다카7460).

5. 경계선을 침범하였다는 상대방의 강력한 주장에 의하여 착오로 그간의 경계 침범에 대한 보상금 내지 위로금 명목으로 금원을 지급한 경우, 진정한 경계선에 관한 착오는 위의 금원지급약정을 하게 된 동기의 착오이지만 그와 같은 동기의 착오는 상대방의 강력한 주장에 의하여 생긴 것으로서 표의자가 그 동기를 의사표시의 내용으로 표시하였다고 보아야 한다(대판 1997. 8. 26, 97다6063).

## (4) 법률의 착오

법률의 착오란 법률규정의 유무 또는 그 규정의 의미에 관한 착오를 말한다.

**판례**

<법률에 관한 착오>라도 그것이 법률행위의 내용의 중요부분에 관한 것인 때에는 표의자는 그 의사표시를 취소할 수 있고, 또 매도인에 대한 양도소득세의 부과를 회피할 목적으로 매수인이 주택건설을 목적으로 하는 주식회사를 설립하여 여기에 출자하는 형식을 취하면 양도소득세가 부과되지 않을 것이라고 말하면서 그러한 형식에 의한 매매를 제의하여 매도인이 이를 믿고 매매계약을 체결한 것이라 하더라도 그것이 곧 사회질서에 반하는 것이라고 단정할 수 없으므로 이러한 경우에 역시 의사표시의 착오의 이론을 적용할 수 있다(대판 1981. 11. 10, 80다2475).

## (5) 표시기관의 착오

표시기관이라는 매개자가 잘못 표시한 경우로, 본인의 표시상의 착오에 준하여 취급한다.

## 3. 요건

### (1) 의사표시에 있어서 착오가 존재할 것

착오의 대상에는 현재의 사실뿐만 아니라 장래의 불확실한 사실도 포함된다.

> **판례**
>
> 1. [1] 매도인의 대리인이, 매도인이 납부하여야 할 양도소득세 등의 세액이 매수인이 부담하기로 한 금액뿐이므로 매도인의 부담은 없을 것이라는 착오를 일으키지 않았더라면 매수인과 매매계약을 체결하지 않았거나 아니면 적어도 동일한 내용으로 계약을 체결하지는 않았을 것임이 명백하고, … 매도인의 위와 같은 착오는 매매계약의 내용의 중요부분에 관한 것에 해당한다.
>    [2] 부동산의 양도가 있는 경우에 그에 대하여 부과될 양도소득세 등의 세액에 관한 착오가 미필적인 장래의 불확실한 사실에 관한 것이라도 민법 제109조 소정의 착오에서 제외되는 것은 아니다.
>    [3] 위 1항의 경우에, 매도인이 부담하여야 할 세금의 액수가 예상액을 초과한다는 사실을 알았더라면 매수인이 초과세액까지도 부담하기로 약정하였으리라는 특별한 사정이 인정될 수 있을 때에는 매도인으로서는 매수인에게 초과세액 상당의 청구를 할 수 있다고 해석함이 당사자의 진정한 의사에 합치할 것이므로 매도인에게 위와 같은 세액에 관한 착오가 있었다는 이유만으로 매매계약을 취소하는 것은 허용되지 않는다(대판 1994. 6. 10, 93다24810).
> 2. 민법 제109조에 따라 의사표시에 착오가 있다고 하려면 법률행위를 할 당시에 실제로 없는 사실을 있는 사실로 잘못 깨닫거나 아니면 실제로 있는 사실을 없는 것으로 잘못 생각하듯이 의사표시자의 인식과 그러한 사실이 어긋나는 경우라야 한다. … 장래에 발생할 막연한 사정을 예측하거나 기대하고 법률행위를 한 경우 그러한 예측이나 기대와 다른 사정이 발생하였다고 하더라도 그로 인한 위험은 원칙적으로 법률행위를 한 사람이 스스로 감수하여야 하고 상대방에게 전가해서는 안 되므로 착오를 이유로 취소를 구할 수 없다(대판 2020. 5. 14, 2016다12175).
> 3. 판결 선고 전에 이미 그 선고결과를 예상하고 법률행위를 하였으나 실제로 선고된 판결이 그 예상과 다르다 하더라도 이 표의자의 심리상태에 인식과 대조사실에 불일치가 있다고는 할 수 없어 착오로 다룰 수는 없다(대판 1972. 3. 28, 71다2193).

### (2) 법률행위 내용의 중요부분에 착오가 존재할 것

법률행위의 중요부분의 착오라 함은 표의자가 그러한 착오가 없었더라면 그 의사표시를 하지 않으리라고 생각될 정도로 중요한 것이어야 하고, 보통 일반인도 표의자의 처지에 섰더라면 그러한 의사표시를 하지 않았으리라고 생각될 정도로 중요한 것이어야 한다. 착오의 존재 및 착오가 법률행위 내용의 중요부분에 관한 것이라는 입증책임은 취소를 하려는 표의자가 진다.

> **판례**
>
> 1. 주채무자의 차용금반환채무를 보증할 의사로 공정증서에 연대보증인으로 서명·날인하였으나 그 공정증서가 주채무자의 기존의 구상금채무 등에 관한 준소비대차계약의 공정증서이었던 경우, … 착오로 인하여 경제적인 불이익을 입었거나 장차 불이익을 당할 염려도 없으므로 위와 같은 착오는 연대보증계약의 중요부분의 착오가 아니다(대판 2006. 12. 7, 2006다41457).

2. 등기명의자 甲과 종전 소유자의 상속인으로서 소유권이전등기의 원인무효를 주장하는 乙 사이에 토지 소유권 환원의 방법으로 乙 앞으로 소유권이전등기를 경료하여 주기로 하는 합의가 이루어진 경우, 乙이 공동상속인들 중 1인이라면 공유물에 대한 보존행위로서 단독으로 공유물에 관한 원인무효의 등기의 말소를 구하거나 소유권이전등기에 관한 합의를 할 수 있다고 보아야 하므로, 甲이 乙을 단독상속인으로 믿고서 그와 같은 소유권 환원의 합의에 이르렀더라도 그와 같은 착오는 합의 내용의 중요 부분에 해당한다고 볼 수 없다(대판 1996. 12. 23, 95다35371).

3. 甲이 채무자란이 백지로 된 근저당권설정계약서를 제시받고 그 채무자가 乙인 것으로 알고 근저당권설정자로 서명·날인을 하였는데 그 후 채무자가 丙으로 되어 근저당권설정등기가 경료된 경우, 甲은 그 소유의 부동산에 관하여 근저당권설정계약상의 채무자를 丙이 아닌 乙로 오인한 나머지 근저당설정의 의사표시를 한 것이고, 이와 같은 채무자의 동일성에 관한 착오는 법률행위 내용의 중요부분에 관한 착오에 해당한다(대판 1995. 12. 22, 95다37087).

4. 신용보증기금의 신용보증에 있어서 기업의 신용 유무는 그 절대적 전제사유가 되며 신용보증기금의 보증의사표시의 중요부분을 구성한다고 할 것이므로, 농협중앙회가 甲에게 금원을 대출해 주고서 연체이자를 받은 사실이 있음에도 불구하고 아무런 연체가 없는 것처럼 신용보증기금 제출용으로 작성된 거래상황확인서를 甲에게 교부하고 甲은 이를 위 신용보증기금에 제출하여 이를 믿은 신용보증기금이 甲이 신용 있는 중소기업인 것으로 착각하여 甲의 위 농협중앙회로부터의 새로운 대출에 대하여 신용보증을 하게 되었다면 그 법률행위의 중요부분에 착오가 있는 경우에 해당한다(대판 1987. 7. 21, 85다카2339).

5. 재건축아파트 설계용역에서 건축사 자격이 가지는 중요성에 비추어 볼 때, 재건축조합이 건축사 자격이 없이 건축연구소를 개설한 건축학교수에게 건축사 자격이 없다는 것을 알았더라면 재건축조합만이 아니라 객관적으로 볼 때 일반인으로서도 이와 같은 설계용역계약을 체결하지 않았을 것으로 보이므로, 재건축조합 측의 착오는 중요부분의 착오에 해당한다(대판 2003. 4. 11, 2002다70884).

6. 원고가 매매목적물인 점포를 이 사건 점포와 다른 점포인 창신상회로 오인한 것은 동기의 착오가 아니라 내용의 착오 중 목적물의 동일성에 대한 착오로서 중요부분의 착오에 해당한다고 할 것이다(대판 1997. 11. 28, 97다32772·32789).

7. 토지 답 1389평을 전부 경작할 수 있는 농지인 줄 알고 매수하여 그 소유권이전등기를 마쳤으나 타인이 경작하는 부분은 인도되지 않고 있을 뿐 아니라 측량결과 약 600평이 하천을 이루고 있어 사전에 이를 알았다면 매매의 목적을 달할 수 없음이 명백하여 매매계약을 체결하지 않았을 것이므로 위 '토지의 현황·경계에 관한 착오'는 매매계약의 중요부분에 대한 착오라 할 것이다(대판 1968. 3. 26, 67다2160).

8. 타인 소유의 부동산을 임대한 것이 임대차계약을 해지할 사유는 될 수 없고 '목적물이 반드시 임대인의 소유일 것을 특히 계약의 내용으로 삼은 경우'라야 착오를 이유로 임차인이 임대차계약을 취소할 수 있다(대판 1975. 1. 28, 74다2069).

## (3) 표의자에게 중대한 과실이 없을 것

중대한 과실이 있다는 입증책임은 표의자로 하여금 그 의사표시를 취소케 하지 않으려는 상대방이 부담한다. 다만, 표의자에게 중대한 과실이 있더라도 그 상대방이 악의로서 표의자의 착오를 알면서 이를 이용한 경우에는 표의자는 그 의사표시를 취소할 수 있다(판례).

> **판례**
>
> 1. 원고는 … 새로운 공장을 설립할 목적으로 이 사건 토지를 매수하게 된 것이므로, 원고로서는 먼저 위 토지상에 원고가 설립하고자 하는 공장을 건축할 수 있는지의 여부를 관할관청에 알아보아야 할 주의의 무가 있고, 또 이와 같이 알아보았다면 위 토지상에 원고가 의도한 공장의 건축이 불가능함을 쉽게 알 수 있었다고 보이므로, 원고가 이러한 주의의무를 다하지 아니한 채 이 사건 매매계약을 체결한 것에는 중대한 과실이 있다고 보아야 할 것이다(대판 1993. 6. 29, 92다38881).
> 2. 신용보증기금의 신용보증서를 담보로 금융채권자금을 대출해 준 금융기관이 위 대출자금이 모두 상환 되지 않았음에도 착오로 신용보증기금에 신용보증서담보설정 해지를 통지한 경우, 그 해지의 의사표시 는 민법 제109조 제1항 단서 소정의 중대한 과실에 기한 것이다(대판 2000. 5. 12, 99다64995).
> 3. 고려청자로 알고 매수한 도자기가 진품이 아닌 것으로 밝혀진 경우, 매수인이 도자기를 매수하면서 자신 의 골동품 식별능력과 매매를 소개한 자를 과신한 나머지 고려청자가 진품이라고 믿고 소장자를 만나 그 출처를 물어보지 아니하고 전문적 감정인의 감정을 거치지 아니한 채 그 도자기를 고가로 매수하고 만일 고려청자가 아닐 경우를 대비하여 필요한 조치를 강구하지 아니한 잘못이 있다고 하더라도, 그와 같은 사정만으로는 매수인이 매매계약체결 시 요구되는 통상의 주의의무를 현저하게 결여하였다고 보 기는 어렵다(대판 1997. 8. 22, 96다26657).
> 4. 상대방이 표의자의 착오를 알고 이를 이용한 경우에는 착오가 표의자의 중대한 과실로 인한 것이라고 하더라도 표의자는 의사표시를 취소할 수 있다(대판 2023. 4. 27, 2017다227264).

## 4. 효과

### (1) 당사자 간의 효과

① **취소권의 발생**: 법률행위 내용의 중요부분에 착오가 있는 때에는 그 법률행위를 취소할 수 있다. 그러나 그 착오가 표의자의 중대한 과실로 인한 때에는 취소하지 못한다.

② **취소의 효과**: 착오를 이유로 법률행위가 취소되면 그 법률행위는 처음부터 무효인 것으로 된다.

> **판례**
>
> 불법행위로 인한 손해배상책임이 성립하기 위하여는 가해자의 고의 또는 과실 이외에 행위의 위법성이 요 구되므로, 전문건설공제조합이 계약보증서를 발급하면서 조합원이 수급할 공사의 실제 도급금액을 확인하 지 아니한 과실이 있다고 하더라도 민법 제109조에서 중과실이 없는 착오자의 착오를 이유로 한 의사표시 의 취소를 허용하고 있는 이상, 전문건설공제조합이 과실로 인하여 착오에 빠져 계약보증서를 발급한 것이 나 그 착오를 이유로 보증계약을 취소한 것이 위법하다고 할 수는 없다(대판 1997. 8. 22, 97다13023).

### (2) 제3자에 대한 효과

착오로 인한 의사표시의 취소는 선의의 제3자에게 대항하지 못한다(제109조 제2항).

## 5. 적용범위

### (1) 가족법상의 행위(신분행위)에는 부적용

가족법상의 행위는 당사자의 의사가 절대적으로 존중되어야 하기 때문에 제109조가 적용되지 않는다(통설). 특히 착오에 의한 혼인과 입양이 무효임에 관하여는 명문의 규정이 있다(제815조 제1호, 제883조 제1호).

### (2) 주식의 인수에는 부적용

회사성립 후에는 주식을 인수한 자는 착오를 이유로 그 인수를 취소하지 못한다(상법 제320조 제1항).

### (3) 화해계약의 문제

화해계약은 원칙적으로 착오를 이유로 하여 취소하지 못하나, 화해당사자의 자격 또는 화해의 목적인 분쟁 이외의 사항에 착오가 있는 때에는 제109조를 적용한다(제733조).

> **판례**
>
> 1. 환자가 의료과실로 사망한 것으로 전제하고 의사가 유족에게 손해배상금을 지급하기로 하는 합의가 이루어졌으나 그 사인이 진료와는 관련이 없는 것으로 판명되었다면 위 합의는 그 목적이 아닌 망인의 사인에 관한 착오로 이루어진 화해이므로 착오를 이유로 취소할 수 있다(대판 1991. 1. 25, 90다12526).
> 2. 교통사고에 가해자의 과실이 경합되어 있는데도 오로지 피해자의 과실로 인하여 발생한 것으로 착각하고 치료비를 포함한 합의금으로 실제 입은 손해액보다 훨씬 적은 금원인 금 7,000,000원만을 받고 일체의 손해배상청구권을 포기하기로 합의한 경우, 그 사고가 피해자의 전적인 과실로 인하여 발생하였다는 사실은 쌍방당사자 사이에 다툼이 없어 양보의 대상이 되지 않았던 사실로서 화해의 목적인 분쟁의 대상이 아니라 그 분쟁의 전제가 되는 사항에 해당하는 것이므로 피해자 측은 착오를 이유로 화해계약을 취소할 수 있다(대판 1997. 4. 11, 95다48414).
> 3. 화해계약이 사기로 인하여 이루어진 경우에는 화해의 목적인 분쟁에 관한 사항에 착오가 있는 때에도 제110조에 따라 이를 취소할 수 있다(대판 2008. 9. 11, 2008다15278).

## 6. 착오와 다른 제도와의 관계

### (1) 착오와 사기의 경합

착오가 타인의 기망행위에 의하여 발생한 때에는 착오와 사기의 경합 여부가 문제된다. 판례에 따르면 타인의 기망행위에 의하여 동기의 착오가 발생한 때에는 착오와 사기의 경합이 인정된다. 이 경우에는 어느 쪽이든 그 요건을 입증하여 취소할 수 있다. 그런데 타인의 기망행위에 의하여 표시상의 착오가 발생한 때에는 사기취소의 법리가 적용되는 것이 아니라 착오취소의 법리만 적용된다고 본다.

**판례**

[1] 신원보증서류에 서명날인한다는 착각에 빠진 상태로 연대보증의 서면에 서명날인한 경우, 결국 위와 같은 행위는 강학상 기명날인의 착오(또는 서명의 착오), 즉 어떤 사람이 자신의 의사와 다른 법률효과를 발생시키는 내용의 서면에, 그것을 읽지 않거나 올바르게 이해하지 못한 채 기명날인을 하는 이른바 표시상의 착오에 해당하므로, 비록 위와 같은 착오가 제3자의 기망행위에 의하여 일어난 것이라 하더라도 그에 관하여는 사기에 의한 의사표시에 관한 법리, 특히 상대방이 그러한 제3자의 기망행위 사실을 알았거나 알 수 있었을 경우가 아닌 한 의사표시자가 취소권을 행사할 수 없다는 민법 제110조 제2항의 규정을 적용할 것이 아니라, 착오에 의한 의사표시에 관한 법리만을 적용하여 취소권 행사의 가부를 가려야 한다.

[2] 취소의 의사표시란 반드시 명시적이어야 하는 것은 아니고, 취소자가 그 착오를 이유로 자신의 법률행위의 효력을 처음부터 배제하려고 한다는 의사가 드러나면 족한 것이며, 취소원인의 진술 없이도 취소의 의사표시는 유효한 것이므로, 신원보증서류에 서명날인하는 것으로 잘못 알고 이행보증보험약정서를 읽어보지 않은 채 서명날인한 것일 뿐 연대보증약정을 한 사실이 없다는 주장은 위 연대보증약정을 착오를 이유로 취소한다는 취지로 볼 수 있다(대판 2005. 5. 27, 2004다43824).

## (2) 착오와 담보책임의 경합

판례는 매매계약 내용의 중요 부분에 착오가 있는 경우 매수인은 매도인의 하자담보책임이 성립하는지와 상관없이 착오를 이유로 매매계약을 취소할 수 있다고 하여 경합을 인정한다.

## (3) 해제와 착오취소의 경합

판례는 매도인의 계약해제 후에 매수인이 착오취소하는 것을 인정한다.

**판례**

매도인이 매수인의 중도금 지급채무 불이행을 이유로 매매계약을 적법하게 해제한 후라도 매수인으로서는 상대방이 한 계약해제의 효과로서 발생하는 손해배상책임을 지거나 매매계약에 따른 계약금의 반환을 받을 수 없는 불이익을 면하기 위하여 착오를 이유로 한 취소권을 행사하여 매매계약 전체를 무효로 돌리게 할 수 있다(대판 1996. 12. 6, 95다24982 · 24999).

## 05 사기 · 강박에 의한 의사표시

**제110조 【사기, 강박에 의한 의사표시】** ① 사기나 강박에 의한 의사표시는 취소할 수 있다.
② 상대방 있는 의사표시에 관하여 제3자가 사기나 강박을 행한 경우에는 상대방이 그 사실을 알았거나 알 수 있었을 경우에 한하여 그 의사표시를 취소할 수 있다.
③ 전2항의 의사표시의 취소는 선의의 제3자에게 대항하지 못한다.

## 1. 의의

사기·강박에 의한 의사표시는 외형상으로는 의사와 표시가 일치하고 있으나, 표의자의 의사결정의 자유가 침해된 상태에서 행하여진 것이므로 그 의사표시를 취소할 수 있도록 하였다.

## 2. 요건

### (1) 사기에 의한 의사표시의 요건

① **사기자의 2단계의 고의**: 표의자를 기망하여 착오에 빠지게 하려는 고의와 착오에 기하여 의사표시를 하게 하려는 고의, 즉 2단계의 고의가 있어야 한다.

② **기망행위**: 작위에 의한 적극적 기망행위뿐만 아니라, 부작위, 특히 침묵도 '고지의무 또는 설명의무'가 전제되는 경우에는 기망행위가 될 수 있다.

③ **위법성**: 위법성의 유무는 신의칙 및 거래관념에 의하여 판단하여야 한다.

④ **인과관계**: 여기의 인과관계는 표의자의 주관적인 것으로 족하다.

> **판례**
>
> 1. 상품의 선전광고에 있어서 거래의 중요한 사항에 관하여 구체적 사실을 신의성실의 의무에 비추어 비난받을 정도의 방법으로 허위로 고지한 경우에는 기망행위에 해당한다고 할 것이나, 그 선전광고에 다소의 과장 허위가 수반되는 것은 그것이 일반 상거래의 관행과 신의칙에 비추어 시인될 수 있는 한 기망성이 결여된다고 할 것이고, 또한 용도가 특정된 특수시설을 분양받을 경우 그 운영을 어떻게 하고, 그 수익은 얼마나 될 것인지와 같은 사항은 투자자들의 책임과 판단하에 결정될 성질의 것이므로, 상가를 분양하면서 그곳에 첨단 오락타운을 조성하고 전문경영인에 의한 위탁경영을 통하여 일정 수익을 보장한다는 취지의 광고를 하였다고 하여 이로써 상대방을 기망하여 분양계약을 체결하게 하였다거나 상대방이 계약의 중요부분에 관하여 착오를 일으켜 분양계약을 체결하게 된 것이라 볼 수 없다(대판 2001. 5. 29, 99다55601·55618).
>
> 2. 일반적으로 교환계약을 체결하려는 당사자는 … 당사자일방이 알고 있는 정보를 상대방에게 사실대로 고지하여야 할 신의칙상의 주의의무가 인정된다고 볼 만한 특별한 사정이 없는 한, 어느 일방이 교환목적물의 시가나 그 가액 결정의 기초가 되는 사항에 관하여 상대방에게 설명 내지 고지를 할 주의의무를 부담한다고 할 수 없고, 일방당사자가 자기가 소유하는 목적물의 시가를 묵비하여 상대방에게 고지하지 아니하거나 혹은 허위로 시가보다 높은 가액을 시가라고 고지하였다 하더라도 이는 상대방의 의사결정에 불법적인 간섭을 한 것이라고 볼 수 없다(대판 2002. 9. 4, 2000다54406·54413).
>
> 3. 기망행위로 인하여 법률행위의 중요부분에 관하여 착오를 일으킨 경우뿐만 아니라 법률행위의 내용으로 표시되지 아니한 의사결정의 동기에 관하여 착오를 일으킨 경우에도 표의자는 그 법률행위를 '사기에 의한 의사표시'로서 취소할 수 있다(대판 1969. 6. 24, 68다1749).

### (2) 강박에 의한 의사표시의 요건

① 강박자의 2단계의 고의

② 강박행위

> **판례**
>
> 상대방 또는 제3자의 강박에 의하여 <u>의사결정의 자유가 완전히 박탈</u>된 상태에서 이루어진 의사표시는 효과의사에 대응하는 내심의 의사가 결여된 것이므로 <u>무효</u>라고 볼 수밖에 없으나, 강박이 <u>의사결정의 자유</u>를 완전히 박탈하는 정도에 이르지 아니하고 이를 <u>제한하는 정도</u>에 그친 경우에는 그 의사표시는 <u>취소</u>할 수 있음에 그치고 무효라고까지 볼 수 없다(대판 1984. 12. 11, 84다카1402).

③ **위법성** : 일반적으로 부정행위에 대한 고소·고발은 그것이 부정한 이익을 목적으로 하는 것이 아닌 때에는 정당한 권리행사가 되어 위법하다고 할 수 없으나, 부정한 이익의 취득을 목적으로 하는 경우에는 위법한 강박행위가 되는 경우가 있다.

④ **인과관계**

## 3. 효과

### (1) 당사자 간의 효과

① **상대방의 사기·강박의 경우** : 표의자가 상대방의 사기나 강박으로 의사표시를 한 때에는, 표의자는 그 의사표시를 취소할 수 있다(제110조 제1항).

② **제3자의 사기·강박의 경우**

　㉠ 상대방 없는 의사표시 : 상대방 없는 의사표시에 있어서 제3자가 사기 또는 강박을 한 경우에, 표의자는 언제든지 그 의사표시를 취소할 수 있다.

　㉡ 상대방 있는 의사표시 : 상대방 있는 의사표시에 있어서 제3자가 사기 또는 강박을 한 경우에, 표의자는 상대방이 제3자에 의한 사기나 강박의 사실을 알았거나 또는 알 수 있었을 경우에 한하여 그 의사표시를 취소할 수 있다(제110조 제2항).

> **판례**
>
> 1. 상대방 있는 의사표시에 관하여 제3자가 사기나 강박을 한 경우에는 상대방이 그 사실을 알았거나 알 수 있었을 경우에 한하여 그 의사표시를 취소할 수 있으나, <u>상대방의 대리인 등 상대방과 동일시할 수 있는 자</u>의 사기나 강박은 <u>제3자의 사기·강박에 해당하지 아니한다</u>(대판 1999. 2. 23, 98다60828).
> 2. 단순히 <u>상대방의 피용자</u>이거나 상대방이 사용자책임을 져야 할 관계에 있는 피용자에 지나지 않는 자는 상대방과 동일시할 수는 없어 이 규정에서 말하는 <u>제3자에 해당한다</u>(대판 1998. 1. 23, 96다41496).

### (2) 제3자에 대한 효과

사기·강박을 이유로 한 의사표시의 취소는 선의의 제3자에게 대항하지 못한다(제110조 제3항).

> **판례**
>
> 사기에 의한 법률행위의 의사표시를 취소하면 취소의 소급효로 인하여 그 행위의 시초부터 무효인 것으로 되는 것이지 취소한 때에 비로소 무효로 되는 것이 아니므로 취소를 주장하는 자와 양립되지 아니하는 법률관계를 가졌던 것이 취소 <이전>에 있었던가 <이후>에 있었던가는 가릴 필요 없이 사기에 의한 의사표시 및 그 취소사실을 몰랐던 모든 제3자에 대하여는 그 의사표시의 취소를 대항하지 못한다고 보아야 할 것이다(대판 1975. 12. 23, 75다533).

## 4. 적용범위

가족법상의 법률행위에는 적용되지 않고, 오히려 가족법에 특칙이 규정되어 있다(제816조·제823조·제884조). 예컨대 사기혼인은 취소할 수 있으나, 이는 제110조의 취소가 아니라 제816조에 의한 취소이다.

## 5. 제110조와 다른 제도와의 관계

### (1) 사기와 담보책임과의 관계

기망에 의해 권리의 흠결 또는 물건의 하자가 있는 목적물에 관한 매매가 성립한 경우 매수인은 담보책임(제570조 이하)과 사기에 의한 취소권(제110조)을 선택적으로 행사할 수 있다(판례).

> **판례**
>
> 민법 제569조가 타인의 권리의 매매를 유효로 규정한 것은 선의의 매수인의 신뢰이익을 보호하기 위한 것이므로, 매수인이 매도인의 기망에 의하여 타인의 물건을 매도인의 것으로 잘못 알고 매수한다는 의사표시를 한 것이고 만일 타인의 물건인 줄 알았더라면 매수하지 아니하였을 사정이 있는 경우에는 매수인은 민법 제110조에 의하여 매수의 의사표시를 취소할 수 있다(대판 1973. 10. 23, 73다268).

### (2) 불법행위와의 관계

사기나 강박에 의한 의사표시가 불법행위의 성립요건을 충족하게 되면, 의사표시자의 취소권(제110조)과 불법행위로 인한 손해배상청구권(제750조)은 경합한다.

**판례**

1. 어떤 법률행위가 사기에 의한 것으로서 취소되는 경우에, 그 법률행위가 동시에 불법행위를 구성하는 때에는, 취소의 효과로 생기는 부당이득반환청구권과 불법행위로 인한 손해배상청구권은 경합하여 병존하는 것이므로, 채권자는 어느 것이라도 선택하여 행사할 수 있지만 중첩적으로 행사할 수는 없다(대판 1993. 4. 27, 92다56087).
2. 제3자의 사기행위로 인하여 피해자가 주택건설사와 사이에 주택에 관한 분양계약을 체결하였다고 하더라도 제3자의 사기행위 자체가 불법행위를 구성하는 이상, 제3자로서는 그 불법행위로 인하여 피해자가 입은 손해를 배상할 책임을 부담하는 것이므로, 피해자가 제3자를 상대로 손해배상청구를 하기 위하여 반드시 그 분양계약을 취소할 필요는 없다(대판 1998. 3. 10, 97다55829).

## 06 의사표시의 효력발생

### 1. 의사표시의 효력발생시기

**제111조【의사표시의 효력발생시기】** ① 상대방이 있는 의사표시는 상대방에게 도달한 때에 그 효력이 생긴다.
② 의사표시자가 그 통지를 발송한 후 사망하거나 제한능력자가 되어도 의사표시의 효력에 영향을 미치지 아니한다.

### (1) 원칙 ➡ 도달주의

① **의의**: 도달이란 사회통념상 상대방이 그 통지내용을 알 수 있는 객관적 상태에 놓여 있는 것을 말한다(요지가능상태설).

**판례**

1. [1] 채권양도의 통지와 같은 준법률행위의 도달은 의사표시와 마찬가지로 사회관념상 채무자가 통지의 내용을 알 수 있는 객관적 상태에 놓일 때를 지칭하고, 그 통지를 채무자가 현실적으로 수령하였거나 그 통지의 내용을 알았을 것까지는 필요하지 않다.
   [2] 채권양도의 통지서가 들어 있는 우편물을 채무자의 가정부가 수령한 직후 한 집에 거주하고 있는 통지인인 채권자가 그 우편물을 바로 회수해 버렸다면 그 우편물의 내용이 무엇인지를 그 가정부가 알고 있었다는 등의 특별한 사정이 없었던 이상 그 채권양도의 통지는 사회관념상 채무자가 그 통지내용을 알 수 있는 객관적 상태에 놓여 있는 것이라고 볼 수 없으므로 그 통지는 피고에게 도달되었다고 볼 수 없을 것이다(대판 1983. 8. 23, 82다카439).
2. [1] 우편법 소정의 규정에 따라 우편물이 배달되었다고 하여 언제나 상대방 있는 의사표시의 통지가 상대방에게 도달하였다고 볼 수는 없으며, 등기우편물에 기재된 사무소에서 본인의 사무원임을 확인한 후 우편물을 교부하였다는 우편집배원의 진술이나 우편법 등의 규정을 들어 그 등기우편물의 수령인을 본인의 사무원 또는 고용인으로 추정할 수는 없다.

[2] 채권양도통지서가 채무자의 주소나 사무소가 아닌 동업자의 사무소에서 그 신원이 분명치 않은 자에게 송달된 경우에는 사회관념상 채무자가 통지의 내용을 알 수 있는 객관적 상태에 놓여졌다고 인정할 수 없다(대판 1997. 11. 25, 97다31281).

3. 상대방 있는 의사표시에서 상대방이 정당한 사유 없이 통지의 수령을 거절한 경우에는 상대방이 그 통지의 내용을 알 수 있는 객관적 상태에 놓여 있는 때에 의사표시의 효력이 생기는 것으로 보아야 한다(대판 2008. 6. 12, 2008다19973).

---

### ② 도달의 효과

ⓐ 도달주의의 원칙상 그 불이익은 표의자가 부담한다. 의사표시자는 발송 후 도달 전에는 철회할 수 있다.

ⓑ 의사표시를 발송한 후에 의사표시자가 사망하거나 또는 제한능력자가 되어도 그 의사표시의 효력에는 아무런 영향을 미치지 않으므로(제111조 제2항), 후에 의사표시가 도달하는 한 효력이 발생한다.

### (2) 예외 ➡ 발신주의

① 제한능력자의 상대방의 최고에 대한 확답(제15조)
② 사원총회 소집의 통지(제71조)
③ 무권대리인의 상대방의 최고에 대한 확답(제131조)
④ 제3자와 채무자 간의 채무인수에 대한 채권자의 승낙의 확답(제455조 제2항)
⑤ 격지자 간의 계약에 있어서 승낙의 통지(제531조)

## 2. 의사표시의 공시송달

**제113조【의사표시의 공시송달】** 표의자가 과실 없이 상대방을 알지 못하거나 상대방의 소재를 알지 못하는 경우에는 의사표시는 민사소송법 공시송달의 규정에 의하여 송달할 수 있다.

## 3. 의사표시의 수령능력

**제112조【제한능력자에 대한 의사표시의 효력】** 의사표시의 상대방이 의사표시를 받은 때에 제한능력자인 경우에는 의사표시자는 그 의사표시로써 대항할 수 없다. 다만, 그 상대방의 법정대리인이 의사표시가 도달한 사실을 안 후에는 그러하지 아니하다.

# 법률행위의 대리

## 01 대리제도 일반론

### 1. 대리의 의의

대리란 대리인이 본인의 이름으로 법률행위를 하고, 그 법률효과가 직접 본인에게 생기게 하는 제도를 말한다.

### 2. 대리가 허용되는 범위

① 준법률행위 중 의사의 통지와 관념의 통지에는 대리가 허용된다.

② 신분행위에는 원칙적으로 대리가 허용되지 않는다.

③ 무주물 선점이나 유실물 습득과 같은 사실행위와 불법행위에는 대리가 허용되지 않는다.

## 02 대리권

### 1. 대리권의 의의 및 발생원인

#### (1) 대리권의 의의

대리권이란 본인의 이름으로 의사표시를 하거나 또는 의사표시를 받음으로써 직접 본인에게 법률효과를 귀속시킬 수 있는, 대리인의 본인에 대한 법률상의 지위 또는 자격을 말한다.

#### (2) 대리권의 발생원인

① 법정대리권의 발생원인

ⓐ 본인에 대하여 일정한 지위에 있는 자가 당연히 대리인이 되는 경우: 친권자(제911조·제920조), 일상가사대리권을 가지는 부부(제827조 제1항) 등

ⓑ 본인 이외의 일정한 지정권자의 지정으로 대리인이 되는 경우: 지정후견인(제931조), 지정유언집행자(제1093조·제1094조) 등

ⓒ 법원이 선임하는 자가 대리인이 되는 경우: 부재자재산관리인(제23조·제24조), 상속재산관리인(제1023조·제1040조), 선임유언집행자(제1096조) 등

② **임의대리권의 발생원인**

    ㉠ **수권행위의 독자성**: 수권행위는 기초적 내부관계와 독립하여 대리권의 발생만을 목적으로 하는 행위이다.

    ㉡ **수권행위의 하자**: 대리행위의 하자 유무는 대리인을 기준으로 하지만(제116조 제1항), 수권행위의 하자 유무는 본인을 기준으로 하여 제107조 이하의 규정에 따라서 규율된다. 따라서 수권행위가 비진의표시 또는 허위표시이거나 착오, 사기 또는 강박에 의해 행하여졌다면 무효이거나 취소될 수 있다. 또한 대리인은 제한능력자라도 무방하지만(제117조), 본인의 수권행위에서 본인은 행위능력자이어야 하므로, 본인이 제한능력자라면 제한능력을 이유로 수권행위를 취소할 수 있다. 수권행위가 무효 또는 취소되어 소급적으로 실효되면, 그 수권행위에 기한 대리행위는 무권대리가 된다.

## 2. 대리권의 범위 및 제한

### (1) 대리권의 범위

① **법정대리권의 범위**: 법정대리권의 발생원인이 되는 법률의 규정에 의하여 정해진다.

② **임의대리권의 범위**

    ㉠ 임의대리권의 범위는 수권행위에 의하여 정해진다.

    ㉡ 제118조는 대리권의 범위가 수권행위에 의해 정해지지 않거나 명백하지 아니한 경우에 대비한 보충규정이다.

> **제118조 【대리권의 범위】** 권한을 정하지 아니한 대리인은 다음 각 호의 행위만을 할 수 있다.
> 1. 보존행위
> 2. 대리의 목적인 물건이나 권리의 성질을 변하지 아니하는 범위에서 그 이용 또는 개량하는 행위

**판례**

1. 수권행위의 통상의 내용으로서의 <u>임의대리권은</u> 그 권한에 부수하여 필요한 한도에서 상대방의 의사표시를 수령하는 이른바 <u>수령대리권을 포함</u>하는 것으로 보아야 한다(대판 1994. 2. 8, 93다39379).
2. 부동산의 소유자로부터 <u>매매계약을 체결할</u> 대리권을 수여받은 대리인은 특별한 사정이 없는 한 그 매매계약에서 약정한 바에 따라 <u>중도금이나 잔금을 수령할 권한도</u> 있다고 보아야 한다(대판 1994. 2. 8, 93다39379).
3. <u>매매계약의 체결과 이행</u>에 관하여 포괄적으로 <u>대리권을</u> 수여받은 대리인은 특별한 다른 사정이 없는 한 상대방에 대하여 약정된 <u>매매대금지급기일을 연기하여 줄 권한도</u> 가진다고 보아야 할 것이다(대판 1992. 4. 14, 91다43107).
4. <u>소비대차계약체결의 대리권을</u> 위임받은 자는 그 계약의 체결은 물론 그 계약의 내용을 구성하는 <u>기한의 연기, 이자의 수령 또는 대여금변제의 수령권이 있다</u>고 해석된다(대판 1997. 7. 8, 97다12273).

PART 04

### (2) 대리권의 제한

#### ① 공동대리에 의한 제한

> **제119조【각자대리】** 대리인이 수인인 때에는 각자가 본인을 대리한다. 그러나 법률 또는 수권행위에 다른 정한 바가 있는 때에는 그러하지 아니하다.

#### ② 자기계약·쌍방대리의 금지

> **제124조【자기계약, 쌍방대리】** 대리인은 본인의 허락이 없으면 본인을 위하여 자기와 법률행위를 하거나 동일한 법률행위에 관하여 당사자쌍방을 대리하지 못한다. 그러나 채무의 이행은 할 수 있다.

**판례**

1. 부동산 입찰절차에서 동일물건에 관하여 이해관계가 다른 입찰자 2인 이상의 대리인이 된 경우에 그 대리인이 한 입찰은 무효이다(대결 2004. 2. 13, 2003마44).
2. 법정대리인 친권자가 부동산을 매수하여 이를 그 자(子)에게 증여하는 행위는, 미성년자인 자에게 이익만을 주는 행위이므로, 친권자와 자 사이의 이해상반행위에 속하지 아니하고, 또 자기계약이지만 유효하다(대판 1981. 10. 13, 81다649).

## 3. 대리권의 남용

### (1) 의의

대리인이 형식적으로는 대리권 범위 내에서 대리행위를 하였지만, 그 대리행위가 실질적으로는 본인을 위해서가 아니라, 대리인 자신 또는 제3자의 이익을 위해서 한 경우이다.

### (2) 법률적 취급

대리인이 배임행위를 한 경우에도 대리의사는 있는 것이므로 원칙적으로 대리행위로서 유효하고, 다만 대리인이 본인의 이익을 위하여 대리행위를 하는 것이 아니라는 것을 상대방이 알았거나 알 수 있었을 때에는 제107조 제1항 단서를 유추적용하여 그 대리행위는 무효가 된다(제107조 제1항 단서 유추적용설, 판례).

**판례**

1. 진의 아닌 의사표시가 대리인에 의하여 이루어지고 그 대리인의 진의가 본인의 이익이나 의사에 반하여 자기 또는 제3자의 이익을 위한 배임적인 것임을 그 상대방이 알았거나 알 수 있었을 경우에는 <민법 제107조 제1항 단서의 유추해석상> 그 대리인의 행위에 대하여 본인은 책임을 지지 아니하므로, 금융기관의 임직원이 예금 명목으로 돈을 교부받을 때의 진의가 예금주와 예금계약을 맺으려는 것이 아니라 그 돈을 사적인 용도로 사용하거나 비정상적인 방법으로 운용하는 데 있었던 경우에 예금주가 그 임직원의 예금에 관한 비진의 내지 배임적 의사를 알았거나 알 수 있었다면 금융기관은 그러한 예금에 대하여 예금계약에 기한 반환책임을 지지 아니한다(대판 2007. 4. 12, 2004다51542).

2. 법정대리인인 친권자의 대리행위가 객관적으로 볼 때 미성년자 본인에게는 경제적인 손실만을 초래하는 반면, 친권자나 제3자에게는 경제적인 이익을 가져오는 행위이고 행위의 상대방이 이러한 사실을 알았거나 알 수 있었을 때에는 <u>민법 제107조 제1항 단서의 규정을 유추적용</u>하여 행위의 효과가 자(子)에게는 미치지 않는다고 해석함이 타당하나, 그에 따라 외형상 형성된 법률관계를 기초로 하여 새로운 법률상 이해관계를 맺은 선의의 제3자에 대하여는 <u>같은 조 제2항의 규정을 유추적용</u>하여 누구도 그와 같은 사정을 들어 대항할 수 없으며, 제3자가 악의라는 사실에 관한 주장·증명책임은 무효를 주장하는 자에게 있다(대판 2018. 4. 26, 2016다3201).

## 4. 대리권의 소멸

### (1) 공통의 소멸사유

> **제127조【대리권의 소멸사유】** 대리권은 다음 각 호의 어느 하나에 해당하는 사유가 있으면 소멸된다.
> 1. 본인의 사망
> 2. 대리인의 사망, 성년후견의 개시 또는 파산

### (2) 임의대리에 특유한 소멸사유

> **제128조【임의대리의 종료】** 법률행위에 의하여 수여된 대리권은 전조의 경우 외에 그 원인된 법률관계의 종료에 의하여 소멸한다. 법률관계의 종료 전에 본인이 수권행위를 철회한 경우에도 같다.

## 03 대리행위

## 1. 현명주의

> **제114조【대리행위의 효력】** ① 대리인이 그 권한 내에서 본인을 위한 것임을 표시한 의사표시는 직접 본인에게 대하여 효력이 생긴다.
> ② 전항의 규정은 대리인에게 대한 제3자의 의사표시에 준용한다.

### (1) 의의 및 본질

대리행위는 '본인을 위한 것임을 표시'한 것이어야 한다. 여기서 '본인을 위한다'의 의미는 그 행위의 법률효과를 본인에게 귀속시키려는 의사를 말하는 것으로서, 본인의 이익을 위하여 행위한다는 뜻이 아니다.

## (2) 현명의 방법

**판례**

1. 대리인은 반드시 대리인임을 표시하여 의사표시를 하여야 하는 것이 아니고 <u>본인명의로도 할 수 있다</u> (대판 1963. 5. 9, 63다67).
2. 매매위임장을 제시하고 매매계약을 체결하는 자는 특단의 사정이 없는 한 <u>소유자를 대리하여 매매행위 하는 것이라고 보아야 하고</u> 매매계약서에 대리관계의 표시 없이 그 자신의 이름을 기재하였다고 해서 그것만으로 그 자신이 매도인으로서 타인물을 매매한 것이라고 볼 수는 없다(대판 1982. 5. 25, 81다1349 · 1209).
3. '<u>타인의 이름을 임의로 사용하여 계약을 체결한 경우</u>'에는 누가 그 계약의 당사자인가를 먼저 확정하여 야 할 것으로서, <u>행위자 또는 명의인 가운데 누구를 당사자로 할 것인지에 관하여 행위자와 상대방의 의사가 일치한 경우</u>에는 그 일치하는 의사대로 행위자의 행위 또는 명의자의 행위로서 확정하여야 할 것이지만, 그러한 <u>일치하는 의사를 확정할 수 없을 경우</u>에는 계약의 성질, 내용, 체결 경위 및 계약체결 을 전후한 구체적인 제반 사정을 토대로 <u>상대방이 합리적인 인간이라면 행위자와 명의자 중 누구를 계 약당사자로 이해할 것인가에 의하여 당사자를 결정</u>하고, 이에 터 잡아 계약의 성립 여부와 효력을 판단 함이 상당하다(대판 1995. 9. 29, 94다4912).
4. <u>甲이 부동산을 금융기관에 담보로 제공함에 있어 동업자인 乙에게 그에 관한 대리권을 주었다면 乙이</u> 동 금융기관과의 사이에 그 부동산에 관하여 <u>근저당권설정계약을 체결함에 있어</u> 그 피담보채무를 동업 관계의 채무로 특정하지 아니하고 또 <u>대리관계를 표시함이 없이 마치 자신이 甲 본인인 양</u> 행세하였다 하더라도 위 근저당권설정계약은 대리인인 위 乙이 그의 권한범위 안에서 한 것인 이상 <u>그 효력은 본인 인 甲에게 미친다</u>(대판 1987. 6. 23, 86다카1411).
5. <u>甲이 임대차계약을 체결함에 있어서 임차인 명의를 乙 명의로 하기는 하였으나 행위자(甲)인 자기의 이름이 乙인 것 같이 행세하여 계약을 체결함으로써,</u> 임대인은 甲과 乙이 동일인인 것으로 알고 계약을 맺게 되었다면, 설사 甲이 乙을 위하여 하는 의사로서 위 계약을 체결하였다 하더라도 <u>위 계약의 효력은 乙에게 미치지 않는다</u>(대판 1974. 6. 11, 74다165).

## (3) 현명하지 아니한 행위의 법률효과

> **제115조【본인을 위한 것임을 표시하지 아니한 행위】** 대리인이 본인을 위한 것임을 표시하지 아니한 때에는 그 의사표시는 자기를 위한 것으로 본다. 그러나 상대방이 대리인으로서 한 것임을 알았거나 알 수 있었을 때에는 전조 제1항의 규정을 준용한다.

## 2. 대리행위의 하자

> **제116조【대리행위의 하자】** ① 의사표시의 효력이 의사의 흠결, 사기, 강박 또는 어느 사정을 알았거나 과실로 알지 못한 것으로 인하여 영향을 받을 경우에 그 사실의 유무는 대리인을 표준하여 결정한다.
> ② 특정한 법률행위를 위임한 경우에 대리인이 본인의 지시에 좇아 그 행위를 한 때에는 본인은 자기가 안 사정 또는 과실로 인하여 알지 못한 사정에 관하여 대리인의 부지를 주장하지 못한다.

## 3. 대리인의 능력

> **제117조【대리인의 행위능력】** 대리인은 행위능력자임을 요하지 아니한다.

## 04 대리의 효과

### 1. 법률효과의 본인에의 귀속

대리권이 있는 자가 그 권한의 범위 내에서 본인을 위한 것임을 표시하고 대리행위를 한 경우에는 직접 본인에 대하여 효력이 생긴다(제114조 제1항).

### 2. 본인의 능력

대리행위의 효과는 본인에게 귀속하므로 본인은 최소한 권리능력은 가져야 한다. 그러나 본인은 스스로 의사표시를 하는 것이 아니므로, 대리인의 대리행위 시 본인이 의사능력 및 행위능력을 가질 필요는 없다.

## 05 복대리

### 1. 의의 및 법적 성질

#### (1) 의의

복대리인이란 대리인이 그의 권한 내의 행위를 행하게 하기 위하여 대리인 자신의 이름으로 선임한 본인의 대리인을 말한다.

#### (2) 법적 성질

① 복대리인은 대리인이 자신의 이름으로 선임한 자이며, 대리인이 본인의 이름으로 선임한 자가 아니다. 그러므로 복대리인 선임행위는 대리행위가 아니다.
② 복대리인은 본인의 대리인이며 대리인의 대리인이 아니다.
③ 복대리인을 선임한 뒤에도 대리인의 대리권은 소멸하지 않는다.

## 2. 대리인의 복임권과 책임

> **제120조【임의대리인의 복임권】** 대리권이 법률행위에 의하여 부여된 경우에는 대리인은 본인의 승낙이 있거나 부득이한 사유가 있는 때가 아니면 복대리인을 선임하지 못한다.
> **제121조【임의대리인의 복대리인선임의 책임】** ① 전조의 규정에 의하여 대리인이 복대리인을 선임한 때에는 본인에게 대하여 그 선임감독에 관한 책임이 있다.
> ② 대리인이 본인의 지명에 의하여 복대리인을 선임한 경우에는 그 부적임 또는 불성실함을 알고 본인에게 대한 통지나 그 해임을 태만한 때가 아니면 책임이 없다.
> **제122조【법정대리인의 복임권과 그 책임】** 법정대리인은 그 책임으로 복대리인을 선임할 수 있다. 그러나 부득이한 사유로 인한 때는 전조 제1항에 정한 책임만이 있다.

**판례**

[1] 대리의 목적인 법률행위의 성질상 대리인 자신에 의한 처리가 필요하지 아니한 경우에는 본인이 <복대리 금지의 의사를 명시하지 아니하는 한> 복대리인의 선임에 관하여 묵시적인 승낙이 있는 것으로 보는 것이 타당하다.

[2] 오피스텔의 분양업무는 그 성질상 … 대리인의 능력에 따라 본인의 분양사업의 성공 여부가 결정되는 것이므로, 사무처리의 주체가 별로 중요하지 아니한 경우에 해당한다고 보기 어렵다. 그렇다면 이 사건 분양위임에 복대리인의 선임에 관한 묵시적인 승낙이 있다고 한 원심판결에는 임의대리인의 복대리인 선임권에 관한 법리를 오해한 잘못이 있다(대판 1996. 1. 26, 94다30690).

## 3. 복대리인의 지위

> **제123조【복대리인의 권한】** ① 복대리인은 그 권한 내에서 본인을 대리한다.
> ② 복대리인은 본인이나 제3자에 대하여 대리인과 동일한 권리의무가 있다.

## 4. 복대리권의 소멸

### (1) 대리권의 일반적 소멸사유

복대리권도 대리권이므로 대리권의 일반적 소멸사유에 의해 소멸한다(예 본인의 사망, 복대리인의 사망·성년후견의 개시·파산). 또한 복대리인은 대리인의 수권행위에 의해 발생하는 임의대리인이므로, 대리인과 복대리인 사이의 원인된 법률관계의 종료(제128조 전문), 대리인의 복대리인에 대한 수권행위의 철회(제128조 후문)에 의해 복대리권은 소멸한다.

## (2) 대리인의 대리권 소멸로 인한 복대리권의 소멸

복대리권은 대리권을 기초로 하므로 대리인의 대리권이 소멸하면 복대리권도 소멸한다(ⓔ 본인의 사망, 대리인의 사망·성년후견의 개시·파산, 본인과 대리인 사이의 원인된 법률관계의 종료, 본인의 대리인에 대한 수권행위의 철회).

## 06 무권대리

### 1. 의의

무권대리란 대리권 없이 행한 대리행위, 즉 대리행위의 다른 요건을 모두 갖추고 있으나 대리권만이 없는 행위를 말한다.

### 2. 표현대리

#### (1) 의의 및 법적 성질

표현대리라 함은 대리인에게 대리권이 없음에도 불구하고 마치 그것이 있는 것과 같은 외관이 있고, 그 외관의 형성에 본인이 어느 정도의 원인을 주고 있는 경우에 본인에게 그 무권대리행위에 대하여 책임을 지도록 하는 제도이다.

> **판례**
>
> 유권대리에 관한 주장 속에 무권대리에 속하는 표현대리의 주장이 포함되어 있다고 볼 수 없으며, 따로 표현대리에 관한 주장이 없는 한 법원은 나아가 표현대리의 성립 여부를 심리판단할 필요가 없다고 할 것이다(대판 1983. 12. 13, 83다카1489).

#### (2) 제125조의 표현대리(대리권수여표시에 의한 표현대리)

> **제125조 【대리권수여의 표시에 의한 표현대리】** 제3자에 대하여 타인에게 대리권을 수여함을 표시한 자는 그 대리권의 범위 내에서 행한 그 타인과 그 제3자 간의 법률행위에 대하여 책임이 있다. 그러나 제3자가 대리권 없음을 알았거나 알 수 있었을 때에는 그러하지 아니하다.

① **의의**: 제3자에 대하여 타인에게 대리권을 수여함을 표시한 자는 그 표시의 범위 내에서 행한 그 타인과 그 제3자 간의 법률행위에 대하여 책임이 있다.

② **요건**

　　㉠ **대리권수여의 표시**

　　　ⓐ **표시의 법적 성질**: 제125조의 표시는 수권행위가 아니고, 수권행위가 있었다는 뜻을 알리는 관념의 통지이다(통설).

　　　ⓑ **표시의 방법**: 표시의 방법에는 제한이 없다. 특정의 제3자에게 하든 신문광고처럼 불특정 다수인에게 하든 상관없다. 본인이 직접 하지 않고 대리인이 될 자를 통해서 하더라도 무방하다. 대리권수여의 표시는 반드시 대리권 또는 대리인이라는 말을 사용하여야 하는 것이 아니라 사회통념상 대리권을 추단할 수 있는 직함이나 명칭 등의 사용을 승낙 또는 묵인한 경우에도 대리권수여의 표시가 있은 것으로 볼 수 있다.

**판례**

1. 호텔 등의 시설이용 우대회원 모집계약을 체결하면서 자신의 판매점, 총대리점 또는 연락사무소 등의 명칭을 사용하여 회원모집 안내를 하거나 입회계약을 체결하는 것을 승낙 또는 묵인하였다면 민법 제125조의 표현대리가 성립할 여지가 있다(대판 1998. 6. 12, 97다53762).
2. 금융기관의 직원이 고객관리차원에서 장기간 동안 고객의 예금을 파출수납의 방법으로 입금 및 인출하여 오던 중 고객으로부터 예금인출 요구를 받지 않았음에도 불구하고 인출을 요구받아 파출업무를 수행하는 것처럼 가장하여 … 금원을 인출한 경우, 파출수납의 방법에 의한 예금 입·출금은 금융기관 직원 자신의 직무를 수행하는 것에 불과하고, 고객이 직원에게 예금 입·출금과 관련한 대리권을 '수여'하였다거나 그 '수여의 의사를 표시'한 것으로 볼 수는 없다(대판 2001. 2. 9, 99다48801).

　　㉡ **표시된 대리권의 범위 내의 대리행위**

　　㉢ **상대방의 선의·무과실**: 제125조의 표현대리가 성립하려면, 상대방(제3자)은 선의·무과실이어야 한다. 본인이 상대방의 악의·과실에 대한 입증책임이 있다(통설).

③ **적용범위**

　　㉠ 제125조의 표현대리는 임의대리에 한하여 적용되며, 법정대리에는 적용되지 않는다.

　　㉡ 제125조의 표현대리는 복대리에도 적용된다.

　　㉢ 공법행위에는 표현대리규정이 적용되지 않는다. 다만, 국가나 지방자치단체가 사경제의 주체로서 법률행위를 하였을 때에는 표현대리의 법리를 적용한다(판례).

　　㉣ 소송행위에는 민법상의 표현대리규정이 적용 또는 유추적용될 수 없다(판례).

(3) **제126조의 표현대리(권한을 넘은 표현대리)**

**제126조 【권한을 넘은 표현대리】** 대리인이 그 권한 외의 법률행위를 한 경우에 제3자가 그 권한이 있다고 믿을 만한 정당한 이유가 있는 때에는 본인은 그 행위에 대하여 책임이 있다.

① **의의** : 대리인이 그 대리권의 범위를 넘어 대리행위를 한 경우에 그 대리권을 신뢰하여 거래한 자를 보호하기 위하여 대리권의 범위 내에서 대리행위를 한 것과 동일한 법률관계를 인정하는 것을 말한다.

② **요건**

　　㉠ 기본대리권의 존재

**판례**

1. 공법상의 대리권 : 기본대리권이 등기신청, 영업허가신청, 이사취임등록 등 공법상의 행위에 관한 것이고 표현대리행위가 사법상의 행위(대물변제, 매매 등)일지라도 제126조의 표현대리는 성립한다(대판 1978. 3. 28, 78다282 · 283).

2. 사실행위를 위한 사자 : 대리인이 아니고 사실행위를 위한 <사자>라 하더라도 외관상 그에게 어떠한 권한이 있는 것 같은 표시 내지 행동이 있어 상대방이 그를 믿었고 또 그를 믿음에 있어 정당한 사유가 있었다면 표현대리의 법리에 의하여 본인에게 책임지워 상대방을 보호하여야 할 것이다(대판 1962. 2. 8, 61다192).

3. 사실행위를 위임받은 경우 : 제126조의 표현대리가 성립하기 위해서는 무권대리인에게 법률행위에 관한 기본대리권이 있어야 하는바, 증권회사로부터 위임받은 고객의 유치 · 투자상담 및 권유 · 위탁매매약정 실적의 제고 등의 업무는 사실행위에 불과하므로 이를 기본대리권으로 하여서는 권한 초과의 표현대리가 성립할 수 없다(대판 1992. 5. 26, 91다32190).

4. 복대리권 : 복대리인이 권한을 넘은 대리행위를 한 경우에도 표현대리가 인정된다(대판 1967. 11. 21, 66다2197).

5. 표현대리권 : 제129조에 의하여 표현대리로 인정되는 경우에 그 표현대리의 권한을 넘은 대리행위가 있을 때에도 제126조의 표현대리가 성립할 수 있다(대판 1979. 3. 27, 79다234).

6. 부부의 일상가사대리권 : 문제가 된 부부의 행위가 일상가사에 속하지 않더라도 일상가사대리권을 기본대리권으로 한 제126조의 표현대리를 인정한다(대판 1967. 8. 29, 67다1125). 다만, 부부는 인장 · 권리문서 등 권리외관을 용이하게 작출할 수 있다는 점에서 정당한 이유를 엄격하게 해석하고 있다.

7. 인장교부 : 판례는 '단순히 타인의 인장을 보관'하는 자가 타인 명의의 문서를 위조하여 소유권이전등기를 경료한 경우에 대리권을 수반하는 것으로 볼 수 없다고 하면서도(72다2617), '특정한 거래행위와 관련하여 인장을 교부한 때'에는 일반적으로 대리권수여가 있다고 한다. 즉, [1] 각종 등기절차를 위임하면서 인장을 교부한 경우(64다494), [2] 은행으로부터 융자를 받을 것을 의뢰하면서 인장 및 등기권리증을 교부한 경우(62다775) 등에 기본대리권의 존재를 긍정하고 있다. 한편, 인감증명서는 인장사용에 부수해서 그 확인방법으로 사용되며 인장사용과 분리해서 그것만으로서는 어떤 증명방법으로 사용되는 것이 아니므로 '인감증명서만의 교부'는 일반적으로 어떤 대리권을 부여하기 위한 행위라고 볼 수 없다고 한다 (78다75).

8. 대리인이 사자 내지 임의로 선임한 복대리인을 통하여 권한 외의 법률행위를 한 경우, 상대방이 그 행위자를 대리권을 가진 대리인으로 믿었고 또한 그렇게 믿는 데에 정당한 이유가 있는 때에는, 복대리인 선임권이 없는 대리인에 의하여 선임된 복대리인의 권한도 기본대리권이 될 수 있고, 그 행위자가 사자라고 하더라도 대리행위의 주체가 되는 대리인이 별도로 있고 그들에게 본인으로부터 기본대리권이 수여된 이상, 제126조를 적용함에 있어서 기본대리권의 흠결 문제는 생기지 않는다(대판 1998. 3. 27, 97다48982).

ⓒ 권한을 넘은 대리행위

**판례**

1. [1] 민법 제126조의 표현대리는 대리인이 본인을 위한다는 의사를 명시 혹은 묵시적으로 표시하거나 대리의사를 가지고 권한 외의 행위를 하는 경우에 성립하고, '사술을 써서 위와 같은 대리행위의 표시를 하지 아니하고 단지 본인의 성명을 모용하여 자기가 마치 본인인 것처럼 기망하여 본인 명의로 직접 법률행위를 한 경우'에는 특별한 사정이 없는 한 위 법조 소정의 표현대리는 <성립될 수 없다>. … 특별한 사정이 있는 경우에 한하여 민법 제126조 소정의 표현대리의 법리를 <유추적용할 수 있다>고 할 것인데, 여기서 특별한 사정이란 본인을 모용한 사람에게 본인을 대리할 기본대리권이 있었고, 상대방으로서는 위 모용자가 본인 자신으로서 본인의 권한을 행사하는 것으로 믿은 데 정당한 사유가 있었던 사정을 의미한다.

[2] 처가 제3자를 남편으로 가장시켜 관련 서류를 위조하여 남편 소유의 부동산을 담보로 금원을 대출받은 경우, 남편에 대한 민법 제126조 소정의 표현대리책임이 성립하지 아니한다(대판 2002. 6. 28, 2001다49814).

2. 본인으로부터 아파트에 관한 임대 등 일체의 관리권한을 위임받아 본인으로 가장하여 아파트를 임대한 바 있는 대리인이 다시 자신을 본인으로 가장하여 임차인에게 아파트를 매도하는 법률행위를 한 경우에는 권한을 넘은 표현대리의 법리를 유추적용하여 본인에 대하여 그 행위의 효력이 미친다(대판 1993. 2. 23, 92다52436).

3. 권한을 넘은 표현대리에 관한 민법 제126조의 규정에서 제3자라 함은 당해 표현대리행위의 <직접 상대방>이 된 자만을 지칭하는 것이고, 약속어음의 배서행위의 직접 상대방은 그 배서에 의하여 어음을 양도받은 피배서인만을 가리키고 그 피배서인으로부터 다시 어음을 취득한 자는 민법 제126조 소정의 제3자에는 해당하지 아니한다(대판 1994. 5. 27, 93다21521).

ⓒ 정당한 이유의 존재

ⓐ 정당한 이유가 있는 경우란 상대방이 대리권의 존재를 믿었고 또한 그렇게 믿는 데에 과실이 없었음을 의미한다. 즉, 상대방은 선의·무과실이어야 한다.

ⓑ 정당한 이유의 유무는 대리행위 시를 기준으로 판단하며, 그 이후의 사정은 고려할 것이 아니다(판례). 또한, 정당한 이유의 유무는 보통인을 기준으로 판단한다(판례).

ⓒ 정당한 이유의 입증책임에 관해서는 ⅰ) 제125조, 제129조의 표현대리에 있어서와 해석을 달리할 근거가 없으므로 본인이 상대방의 악의·과실을 입증하여야 한다는 견해와 ⅱ) 상대방이 정당한 이유를 입증해야 한다는 견해가 대립한다. 판례에 따르면 제126조에 의한 표현대리행위로 인정된다는 점의 주장 및 입증책임은 그것을 유효하다고 주장하는 자에게 있다고 한다.

## (4) 제129조의 표현대리(대리권 소멸 후의 표현대리)

> **제129조【대리권 소멸 후의 표현대리】** 대리권의 소멸은 선의의 제3자에게 대항하지 못한다. 그러나 제3자가 과실로 인하여 그 사실을 알지 못한 때에는 그러하지 아니하다.

① **의의**: 대리권이 소멸하여 대리권이 없게 된 자가 마치 대리권이 존속하는 것처럼 하여 대리행위를 한 경우에 있어서 이를 믿고 거래한 상대방을 보호하기 위하여 상대방이 선의·무과실인 경우에 그 대리행위의 효과를 본인에게 귀속시키기 위한 것이다.

② **요건**
  ㉠ 이전에 존재하였던 대리권이 소멸하였을 것
  ㉡ 소멸한 대리권의 범위 내의 행위를 할 것
  ㉢ 상대방은 선의·무과실일 것

③ **적용범위**

**[판례]**

대리인이 대리권 소멸 후 직접 상대방과 사이에 대리행위를 하는 경우는 물론, 대리인이 대리권 소멸 후 복대리인을 선임하여 복대리인으로 하여금 상대방과 사이에 대리행위를 하도록 한 경우에도 상대방이 대리권 소멸 사실을 알지 못하여 복대리인에게 적법한 대리권이 있는 것으로 믿었고, 그와 같이 믿은 데 과실이 없다면 민법 제129조에 의한 표현대리가 성립할 수 있다(대판 1998. 5. 29, 97다55317).

## (5) 표현대리의 효과

① **본인의 책임**

**[판례]**

표현대리행위가 성립하는 경우에 그 본인은 표현대리행위에 의하여 전적인 책임을 져야 하고, 상대방에게 과실이 있다고 하더라도 과실상계의 법리를 유추적용하여 본인의 책임을 경감할 수 없다(대판 1996. 7. 12, 95다49554).

② **표현대리의 주장자**: 표현대리는 상대방이 이를 주장한 경우에 비로소 문제가 되는 것이고, 상대방이 주장하지 않는 한 본인 쪽에서 표현대리를 주장하지 못한다(통설).

③ **상대방이 표현대리를 주장하지 않는 경우의 효과**
  ㉠ 표현대리가 성립하더라도 상대방이 이를 주장하지 않는 한 무권대리로 취급된다. 따라서 무권대리에 관한 민법의 규정은 상대방의 주장이 없는 표현대리에 관하여도 적용된다. 그 결과 ⓐ 본인의 추인권(제130조), ⓑ 본인의 추인거절권(제132조), ⓒ 상대방의 최고권(제131조), ⓓ 상대방의 철회권(제134조)이 인정된다.
  ㉡ 다만, 상대방에 대한 무권대리인의 책임(제135조)의 적용 여부에 대하여는 학설이 대립되며, 다수설은 제135조의 적용을 부정한다.

**(6) 강행규정에 위반한 대리행위와 표현대리**

대리인의 대리행위가 강행규정 위반으로 무효인 경우에 표현대리를 적용하여 상대방이 본인에게 책임을 물을 수 있느냐가 문제된다. 판례는 이를 부정한다. 예컨대, 투자수익보장약정은 증권거래법상의 강행규정에 위반되어 무효인데, 증권회사의 지점장에게 그와 같은 약정을 체결할 권한이 수여되었는지 여부에 불구하고 그 약정은 여전히 무효이므로 표현대리의 법리가 준용될 여지가 없다(판례).

> **판례**
>
> 계약체결의 요건을 규정하고 있는 강행법규에 위반한 계약은 무효이므로 그 경우에 계약상대방이 선의·무과실이더라도 표현대리 법리가 적용될 여지는 없다. 따라서 도시 및 주거환경정비법에 의한 주택재건축조합의 대표자가 그 법에 정한 강행규정에 위반하여 적법한 총회의 결의 없이 계약을 체결한 경우에는 상대방이 그러한 법적 제한이 있다는 사실을 몰랐다거나 총회결의가 유효하기 위한 정족수 또는 유효한 총회결의가 있었는지에 관하여 잘못 알았더라도 계약이 무효임에는 변함이 없다(대판 2016. 5. 12, 2013다49381).

## 3. 협의의 무권대리

**(1) 의의**

무권대리 중에 제125조, 제126조, 제129조의 표현대리를 제외한 경우가 협의의 무권대리이다.

**(2) 계약의 무권대리**

① **본인과 상대방 사이의 효과**

㉠ **본인의 추인권**

> **제130조【무권대리】** 대리권 없는 자가 타인의 대리인으로 한 계약은 본인이 이를 추인하지 아니하면 본인에 대하여 효력이 없다.
> **제132조【추인, 거절의 상대방】** 추인 또는 거절의 의사표시는 상대방에 대하여 하지 아니하면 그 상대방에 대항하지 못한다. 그러나 상대방이 그 사실을 안 때에는 그러하지 아니하다.
> **제133조【추인의 효력】** 추인은 다른 의사표시가 없을 때에는 계약시에 소급하여 그 효력이 생긴다. 그러나 제3자의 권리를 해하지 못한다.

ⓐ **추인의 의의**: 추인은 무권대리행위의 효과를 자기에게 귀속시키도록 하는 상대방 있는 단독행위로서, 일종의 형성권이다. 추인은 사후의 대리권의 수여가 아니다.

ⓑ **추인권자와 추인의 상대방**
추인은 본인뿐만 아니라 대리인도 할 수 있고, 본인이 사망한 경우 상속인도 추인할 수 있다. 추인의 의사표시는 무권대리인에 대해서는 물론, 무권대리행위의 직접의 상대방 및 그 무권대리행위로 인한 권리 또는 법률관계의 승계인에게도 가능하다.

ⓒ **추인의 방법** : 추인은 원칙적으로 무권대리행위의 전부에 대하여 행하여져야 하고, 그 일부에 대하여 추인을 하거나 그 내용을 변경하여 추인을 하였을 경우에는, 상대방의 동의를 얻지 못하는 한 무효이다.

**판례**

타인의 형사책임을 수반하는 <u>무권대리행위에 의하여 권리의 침해를 받은 자</u>가 그 침해사실을 알고서도 <u>장기간 형사고소나 민사소송을 제기하지 않은 경우</u>에 그 사실만으로 그 행위에 대하여 <u>묵시적인 추인이 있었다고 단정할 수 없다</u>(대판 1967. 12. 18, 67다2294 · 2295).

ⓓ **추인의 효과** : 추인이 있으면 무권대리행위는 처음부터 유권대리에서와 같은 법률효과가 발생한다(제133조 본문). 그러나 이러한 추인의 소급효의 원칙에는 다음의 두 가지 예외가 있다. 즉, 다른 의사표시가 있으면 추인의 소급효는 제한되고(제133조 본문), 추인의 소급효는 제3자의 권리를 해하지 못한다(제133조 단서).

ⓛ **본인의 추인거절권**

ⓐ 무권대리는 본인이 이를 방치하더라도 본인에게 효력이 생기지 않지만, 본인은 적극적으로 추인의 의사가 없음을 통지하여 무권대리를 확정적으로 무효로 할 수 있다.

ⓑ 본인의 추인거절이 있으면, 무권대리행위는 무효인 것으로 확정된다. 따라서 본인은 다시 추인할 수 없으며, 상대방도 최고권이나 철회권을 행사할 수 없다.

ⓒ **무권대리인이 본인을 상속한 경우** : 무권대리행위는 당연히 유효로 되고 본인의 지위에서 추인을 거절하지 못한다고 하는 당연유효설과, 본인의 지위와 무권대리인의 지위가 혼동되지 않고 병존하므로 추인을 거절할 수 있는 것으로 보자는 병존설이 대립한다. 판례는 이러한 경우에 있어 무권대리인이 본인의 지위에서 추인을 거절하는 것은 금반언의 원칙이나 신의칙상 허용되지 않는다고 본다.

ⓒ **상대방의 최고권**

**제131조 【상대방의 최고권】** 대리권 없는 자가 타인의 대리인으로 계약을 한 경우에 상대방은 상당한 기간을 정하여 본인에게 그 추인 여부의 확답을 최고할 수 있다. 본인이 그 기간 내에 확답을 발하지 아니한 때에는 추인을 거절한 것으로 본다.

ⓐ **의의** : 최고는 본인에 대하여 무권대리행위를 추인하느냐 않느냐의 확답을 촉구하는 행위로, 법적 성질은 의사의 통지이며, 형성권의 일종이다.

ⓑ **요건**

악의의 상대방, 즉 계약 당시 무권대리임을 알았던 상대방도 최고를 할 수 있다. 최고의 상대방은 본인이다. 무권대리인에게는 최고를 할 수 없다.

ⓒ 효과: 본인이 최고기간 중에 확답을 발하지 아니한 때(발신주의)에는 추인을 거절한 것으로 간주한다.

ⓔ 상대방의 철회권

> **제134조【상대방의 철회권】** 대리권 없는 자가 한 계약은 본인의 추인이 있을 때까지 상대방은 본인이나 그 대리인에 대하여 이를 철회할 수 있다. 그러나 계약 당시에 상대방이 대리권 없음을 안 때에는 그러하지 아니하다.

ⓐ 의의: 철회는 무권대리행위의 상대방이 무권대리인과의 사이에서 맺은 계약을 확정적으로 무효로 하는 행위로서, 형성권의 일종이다.

ⓑ 요건
철회는 '본인의 추인이 있기 전'에 하여야 한다. 철회권은 '선의'의 상대방에게만 인정된다. 철회의 의사표시는 최고와 달리 본인뿐만 아니라 무권대리인에 대해서도 할 수 있다.

ⓒ 효과: 상대방이 철회를 하면, 무권대리행위가 확정적으로 무효가 된다. 따라서 그 후에는 본인은 무권대리행위를 추인할 수 없고, 상대방도 일단 철회한 후에는 무권대리인에게 제135조의 책임을 물을 수 없게 된다.

② **무권대리인과 상대방 사이의 효과**

> **제135조【상대방에 대한 무권대리인의 책임】** ① 다른 자의 대리인으로서 계약을 맺은 자가 그 대리권을 증명하지 못하고 또 본인의 추인을 받지 못한 경우에는 그는 상대방의 선택에 따라 계약을 이행할 책임 또는 손해를 배상할 책임이 있다.
> ② 대리인으로서 계약을 맺은 자에게 대리권이 없다는 사실을 상대방이 알았거나 알 수 있었을 때 또는 대리인으로서 계약을 맺은 사람이 제한능력자일 때에는 제1항을 적용하지 아니한다.

㉠ 의의: 이는 법정의 무과실책임이다.

㉡ 요건
ⓐ 대리인으로 계약을 한 자가 대리권을 증명할 수 없을 것
ⓑ 본인의 추인을 얻지 못하고 표현대리도 성립하지 않을 것
ⓒ 상대방이 아직 철회권을 행사하고 있지 않을 것
ⓓ 상대방이 선의·무과실일 것
ⓔ 무권대리인이 행위능력자일 것

ⓒ 효과

판례

1. 무권대리인의 상대방에 대한 책임은 무과실책임으로서 대리권의 흠결에 관하여 대리인에게 과실 등의 귀책사유가 있어야만 인정되는 것이 아니고, 무권대리행위가 제3자의 기망이나 문서위조 등 위법행위로 야기되었다고 하더라도 책임은 부정되지 아니한다(대판 2014. 2. 27, 2013다213038).
2. 상대방이 계약의 이행을 선택한 경우 무권대리인은 계약이 본인에게 효력이 발생하였더라면 <본인이 상대방에게 부담하였을 것과 같은 내용의 채무>를 이행할 책임이 있다. 무권대리인이 계약에서 정한 채무를 이행하지 않으면 상대방에게 채무불이행에 따른 손해를 배상할 책임을 진다(대판 2018. 6. 28, 2018다210775).

## (3) 단독행위의 무권대리

① **상대방 없는 단독행위의 무권대리**: 상대방 없는 단독행위(재단법인의 설립행위, 소유권의 포기 등)의 무권대리는 능동대리 및 수동대리를 묻지 않고서 언제나 확정적·절대적으로 무효이다.

② **상대방 있는 단독행위의 무권대리**

> **제136조 【단독행위와 무권대리】** 단독행위에는 그 행위 당시에 상대방이 대리인이라 칭하는 자의 대리권 없는 행위에 동의하거나 그 대리권을 다투지 아니한 때에 한하여 전6조의 규정을 준용한다. 대리권 없는 자에 대하여 그 동의를 얻어 단독행위를 한 때에도 같다.

우리 민법은 상대방 있는 단독행위(해제, 채무면제 등)의 무권대리도 원칙적으로 무효로 하되, 예외적으로 ㉠ 능동대리에 있어서는 대리인이 대리권 없이 대리행위를 하는 데 상대방이 동의를 하거나 그 대리권을 다투지 아니한 때에는 계약의 경우와 동일한 효과를 인정하고(제136조 전문), ㉡ 수동대리에 있어서는 상대방이 무권대리인의 동의를 얻어 행위를 한 때에만 계약의 경우와 동일한 효과를 인정한다(제136조 후문).

# 05 법률행위의 무효와 취소

## 01 법률행위의 무효

### 1. 서론

#### (1) 무효의 의의

법률행위의 무효란 법률행위가 성립한 처음부터 법률상 당연히 그 효력이 발생하지 않는 것이 확정되어 있는 것을 말한다.

#### (2) 무효사유

의사무능력자의 법률행위, 원시적 불능의 법률행위, 강행규정에 위반하는 법률행위, 반사회질서의 법률행위(제103조), 불공정한 법률행위(제104조), 상대방이 알았거나 알 수 있었을 비진의표시(제107조 제1항 단서), 허위표시(제108조) 등은 법률행위가 '무효'로 되는 경우이다.

#### (3) 무효의 효과

① 무효인 법률행위에 기한 이행이 있기 전이라면 이행할 필요가 없지만, 이미 급부가 이행된 경우에는 그 급부는 원칙적으로 부당이득에 관한 규정에 의하여 반환되어야 한다(제741조). 다만, 그 급부가 불법원인급여일 때에는 제746조의 제한을 받아 그 반환을 청구할 수 없는 경우도 있다.

② 원시적 불능을 이유로 하는 무효의 경우에는 제535조에 따라 신뢰이익배상책임이 발생한다.

### 2. 무효의 종류

#### (1) 절대적 무효·상대적 무효

① **절대적 무효**: 법률행위를 행한 당사자 사이에서뿐만 아니라 제3자에 대한 관계에서도 무효인 것을 절대적 무효라고 하는데, 의사무능력자의 법률행위, 강행법규에 위반하는 법률행위, 반사회질서의 법률행위 등이 이에 속한다.

② **상대적 무효**: 법률행위의 당사자 간에는 무효이지만 선의의 제3자에 대하여는 그 무효를 주장할 수 없는 것을 상대적 무효라고 하는데, 진의 아닌 의사표시(제107조 제1항 단서), 허위표시(제108조)가 이에 속한다.

## ⑵ 전부무효 · 일부무효

> **제137조【법률행위의 일부무효】** 법률행위의 일부분이 무효인 때에는 그 전부를 무효로 한다. 그러나 그 무효부분이 없더라도 법률행위를 하였을 것이라고 인정될 때에는 나머지 부분은 무효가 되지 아니한다.

**판례** +

민법 제137조는 임의규정으로서 의사자치의 원칙이 지배하는 영역에서 적용된다고 할 것이므로, <u>법률행위의 일부가 강행법규인 효력규정에 위반되어 무효가 되는 경우 그 부분의 무효가 나머지 부분의 유효 · 무효에 영향을 미치는가의 여부를 판단함에 있어서는</u> 개별 법령이 일부무효의 효력에 관한 규정을 두고 있는 경우에는 그에 따라야 하고, 그러한 규정이 없다면 <u>원칙적으로 민법 제137조가 적용될 것이나</u> 당해 효력규정 및 그 효력규정을 둔 법의 입법취지를 고려하여 볼 때 <u>나머지 부분을 무효로 한다면 당해 효력규정 및 그 법의 취지에 명백히 반하는 결과가 초래되는 경우에는 나머지 부분까지 무효가 된다고 할 수는 없다.</u> <u>상호신용금고의 담보제공약정이 효력규정인 구 상호신용금고법 제18조의2 제4호에 위반하여 무효라고 하더라도, 그와 일체로 이루어진 대출약정까지 무효로 된다고는 할 수 없다</u>(대판 2004. 6. 11, 2003다1601).

## ⑶ 확정적 무효 · 유동적 무효

법률행위의 무효는 확정적으로 효력이 발생하지 아니함이 원칙이다. 이와는 달리 법률행위의 효력이 현재로서는 발생하지 않지만, 추후에 허가를 받거나 추인을 얻으면 법률행위시에 소급하여 유효로 확정될 수 있는 법적 상태를 유동적 무효(불확정적 무효)라고 한다.

## 3. 토지거래허가구역 내에서 허가 없이 체결한 토지거래계약에 관한 판례이론

⑴ **국토의 계획 및 이용에 관한 법률상의 규제구역 내의 토지에 대하여 허가받을 것을 전제로 체결한 거래계약의 효력(유동적 무효)**

⑵ **급부의무**

① **계약상의 이행청구(소극)**: 허가를 받을 것을 전제로 한 거래계약은 허가받기 전의 상태에서는 거래계약의 채권적 효력도 전혀 발생하지 않으므로 권리의 이전 또는 설정에 관한 어떠한 내용의 이행청구도 할 수 없다.

② **채무불이행을 이유로 하는 해제와 그로 인한 손해배상(소극)**: 거래계약의 당사자로서는 허가받기 전의 상태에서 상대방의 계약상 채무불이행을 이유로 계약을 해제하거나 그로 인한 손해배상을 청구할 수 없다.

> **판례**
>
> 토지거래규제구역 내의 토지와 건물을 일괄하여 매매한 경우 … 토지에 관한 당국의 거래허가가 없으면 건물만이라도 매매하였을 것이라고 볼 수 있는 특별한 사정이 인정되는 경우에 한하여 토지에 대한 매매거래허가가 있기 전에 건물만의 소유권이전등기를 명할 수 있다고 보아야 할 것이고, 그렇지 않은 경우에는 토지에 대한 거래허가가 있어 그 매매계약의 선부가 유효한 것으로 확정된 후에 토지와 함께 이전등기를 명할 수 있고, 토지에 대한 매매거래허가를 받기 전의 상태에서는 지상건물에 대하여도 그 거래계약 내용에 따른 이행청구 내지 채무불이행으로 인한 손해배상청구를 할 수 없다(대판 1994. 1. 11, 93다22043).

### (3) 협력의무

① **협력의무의 소구(적극)** : 계약의 쌍방당사자는 공동으로 관할관청의 허가를 신청할 의무가 있고, 이러한 의무에 위배하여 허가신청절차에 협력하지 않는 당사자에 대하여 상대방은 협력의무의 이행을 소송으로써 구할 이익이 있다.

② **협력의무 불이행으로 인한 손해배상(적극)** : 유동적 무효상태에 있는 매매계약에 대하여 허가를 받을 수 있도록 허가신청을 하여야 할 협력의무를 이행하지 아니하고 매수인이 그 매매계약을 일방적으로 철회함으로써 매도인이 손해를 입은 경우에, 매수인은 이 협력의무 불이행과 인과관계가 있는 손해를 배상하여야 할 의무가 있다.

③ **협력의무 불이행에 대한 손해배상액 약정의 효력(유효)** : 매매계약을 체결할 당시 당사자 사이에 당사자일방이 토지거래허가를 받기 위한 협력 자체를 이행하지 아니하거나 허가신청에 이르기 전에 매매계약을 철회하는 경우, 상대방에게 일정한 손해액을 배상하기로 하는 약정을 유효하게 할 수 있다.

④ **협력의무 불이행을 이유로 한 해제 가부(소극)** : 유동적 무효의 상태에 있는 거래계약의 당사자는 상대방이 그 거래계약의 효력이 완성되도록 협력할 의무를 이행하지 아니하였음을 들어 일방적으로 유동적 무효의 상태에 있는 거래계약 자체를 해제할 수 없다.

### (4) 해약금에 의한 계약해제(적극)

유동적 무효상태인 매매계약에 있어서도 당사자 사이의 매매계약은 매도인이 계약금의 배액을 상환하고 계약을 해제함으로써 적법하게 해제된다.

### (5) 유동적 무효상태에서 이미 지급한 계약금 등의 반환을 부당이득으로 구할 수 있는지 여부

유동적 무효상태의 매매계약을 체결하고 매수인이 이에 기하여 임의로 지급한 계약금은 그 계약이 유동적 무효상태로 있는 한 이를 부당이득으로 반환을 구할 수는 없고, 유동적 무효상태가 확정적으로 무효로 되었을 때 비로소 부당이득으로 그 반환을 구할 수 있다.

(6) **확정적 무효로의 전환**

① **불허가처분 또는 당사자 쌍방이 허가신청을 하지 않기로 의사표시를 명백히 한 경우**: 허가를 받지 않은 유동적 무효상태의 계약은 관할 도지사에 의한 불허가처분이 있을 때뿐만이 아니라, 당사자쌍방이 허가신청을 하지 아니하기로 의사표시를 명백히 한 경우에도 유동적 무효상태의 계약은 확정적으로 무효로 된다고 보아야 한다.

② 거래계약이 확정적으로 무효가 된 경우, 거래계약이 확정적으로 무효로 됨에 있어서 귀책사유가 있는 자라고 하더라도 그 계약의 무효를 주장할 수 있다.

③ **다른 무효·취소사유의 주장**: 국토의 계획 및 이용에 관한 법률상 거래허가를 받지 아니하고 계약당사자의 표시와 불일치한 의사(◉ 비진의표시·허위표시·착오) 또는 사기·강박에 의하여 토지거래 등이 이루어진 경우에 있어서, 이들 사유에 기하여 그 거래의 무효 또는 취소를 주장할 수 있는 당사자는 그러한 거래허가를 신청하기 전 단계에서 이러한 사유를 주장하여 거래허가신청협력에 거절의사를 일방적으로 명백히 함으로써 그 계약을 확정적으로 무효화시키고 자신의 거래허가절차에 협력할 의무를 면함은 물론, 기왕에 지급된 계약금 등의 반환도 구할 수 있다.

④ **정지조건부계약인 경우 정지조건의 불성취 확정**: 토지거래허가 전의 거래계약이 정지조건부계약인 경우에 있어서 그 정지조건이 토지거래허가를 받기 전에 이미 불성취로 확정되었다면, 장차 토지거래허가를 받는다고 하더라도 그 거래계약의 효력이 발생될 여지는 없게 되었다고 할 것이므로, 그 계약관계는 확정적으로 무효가 된다.

(7) **확정적 유효로의 전환**

① **허가처분**: 일단 허가를 받으면 그 계약은 소급하여 유효한 계약이 된다.

② 토지거래허가구역 지정해제 또는 지정기간 만료 후 재지정을 않는 경우

## 4. 무효행위의 전환

> **제138조【무효행위의 전환】** 무효인 법률행위가 다른 법률행위의 요건을 구비하고 당사자가 그 무효를 알았더라면 다른 법률행위를 하는 것을 의욕하였으리라고 인정될 때에는 다른 법률행위로서 효력을 가진다.

(1) **의의**

무효행위의 전환이란 A행위로서는 무효인 법률행위가 B행위의 요건을 갖추고 있고, 또한 당사자가 그 무효를 알았더라면 B행위를 의욕하였을 것으로 인정되는 경우에는 무효인 A행위에 B행위로서의 효력을 인정하는 것을 말한다.

### (2) 요건

① 일단 성립한 법률행위가 무효일 것

② 당사자의 전환의사가 있을 것

③ 다른 법률행위의 요건을 갖추고 있을 것

    ㉠ 불요식행위로의 전환 : 요식행위나 불요식행위에서 다른 불요식행위로의 전환은 쉽게 인정된다. 예컨대, 어음행위가 방식을 갖추지 못하여 무효인 경우 일반채무로서의 효력은 인정된다.

    ㉡ 요식행위로의 전환 : 무효인 불요식행위에서 요식행위로의 전환은 성질상 인정되기 어렵다. 예컨대 어음의 방식을 갖추지 않은 경우에 어음행위로의 전환은 인정될 수 없다. 문제는 무효인 요식행위에서 요식행위로의 전환인데, 이러한 전환이 예외적으로 인정되는 경우가 있다. 먼저 민법은 비밀증서에 의한 유언이 그 방식을 결여한 경우에는 자필증서의 방식을 갖춘 경우에 한하여 자필증서에 의한 유언으로서 인정한다(제 1071조). 판례도 혼인 외의 자를 혼인 중의 자로 출생신고한 경우 인지신고로서의 효력을 인정하고, 타인의 자를 자기의 자로서 허위의 친생자출생신고를 한 경우에 입양의 요건을 모두 구비하였다면 입양의 효력을 인정한다.

> **판례**
>
> 상속재산 전부를 공동상속인 중 1인에게 상속시킬 방편으로 나머지 상속인들이 법원에 한 상속포기신고가 그 법정기간 경과 후에 한 것으로서 재산상속포기로서의 효력이 생기지 아니하더라도, 그에 따라 위 공동상속인들 사이에는 위 1인이 고유의 법정상속분을 초과하여 상속재산 전부를 취득하고 위 잔여 상속인들은 이를 전혀 취득하지 않기로 하는 내용의 상속재산에 관한 협의분할이 이루어진 것으로 볼 것이다(대판 1991. 12. 24, 90누5986).

### (3) 효과

전환의 요건을 갖추면 무효인 법률행위는 다른 법률행위로서의 효력을 발생한다.

> **판례**
>
> 매매계약이 약정된 매매대금의 과다로 말미암아 민법 제104조에서 정하는 불공정한 법률행위에 해당하여 무효인 경우에도 무효행위의 전환에 관한 민법 제138조가 적용될 수 있다(대판 2010. 7. 15, 2009다50308).

## 5. 무효행위의 추인

> **제139조【무효행위의 추인】** 무효인 법률행위는 추인하여도 그 효력이 생기지 아니한다. 그러나 당사자가 그 무효임을 알고 추인한 때에는 새로운 법률행위로 본다.

### (1) 의의

무효행위의 추인이라 함은 법률행위로서의 효과가 확정적으로 발생하지 않는 무효행위를 뒤에 유효케 하는 의사표시를 말하는 것이다.

### (2) 요건

① **확정적 무효인 법률행위가 있을 것**

② **당사자가 무효임을 알고 추인할 것**

③ **무효사유가 종료된 후에 추인할 것**: 따라서 법률행위가 사회질서에 반하거나 불공정한 법률행위여서 무효인 경우, 강행규정 위반 무효인 경우에는 그 무효원인이 해소되고 있지 않는 한 추인에 의해 유효하게 될 수 없다.

④ **추인 시에 새로운 법률행위의 유효요건을 구비할 것**

### (3) 효과

① **비소급적 추인**: 추인한 때로부터 새로운 법률행위를 한 것으로 본다.

**판례**

무효인 법률행위는 당사자가 무효임을 알고 추인할 경우 새로운 법률행위를 한 것으로 간주할 뿐이고 소급효가 없는 것이므로 무효인 가등기를 유효한 등기로 전용키로 한 약정은 그때부터 유효하고 이로써 위 가등기가 소급하여 유효한 등기로 전환될 수 없다(대판 1992. 5. 12, 91다26546).

② **약정에 의한 채권적·소급적 추인**: 무효행위의 추인에 원칙적으로 소급효가 없지만, 당사자 사이에서만 행위시에 소급시키는 추인은 인정된다(통설).

③ **신분행위의 소급적 추인**: 판례는 입양·혼인 등의 신분행위의 경우에 그 내용에 맞는 신분관계가 실질적으로 형성되어 당사자쌍방이 이의 없이 그 신분관계를 계속하여 왔다면, 추인의 소급효를 인정한다.

④ **무권리자 처분행위의 추인**: 타인의 권리를 처분할 권한이 없는 자가 타인의 권리를 자신의 이름으로 처분하는 것을 무권리자 처분행위라 한다. 처분권 없는 자의 처분행위는 무효이다. 무권리자 처분행위의 추인은 이러한 무권리자 처분행위에 대한 권리자의 추인을 말한다.

**판례**

타인의 권리를 자기의 이름으로 또는 자기의 권리로 처분한 후에 본인이 그 처분을 인정하였다면 특별한 사정이 없는 한 <u>무권대리에 있어서 본인의 추인의 경우와 같이</u> 그 처분은 본인에 대하여 <u>효력을 발생한다</u> (대판 1981. 1. 13, 79다2151).

## 02 법률행위의 취소

### 1. 의의

법률행위의 취소란, 일단 유효하게 성립한 법률행위의 효력을 제한능력 또는 의사표시의 흠을 이유로, 특정인(취소권자)의 의사표시에 의하여 행위 시에 소급하여 무효로 하는 것을 말한다.

### 2. 취소의 당사자

### (1) 취소권자

> **제140조【법률행위의 취소권자】** 취소할 수 있는 법률행위는 제한능력자, 착오로 인하거나 사기·강박에 의하여 의사표시를 한 자, 그 대리인 또는 승계인만이 취소할 수 있다.

① **대리인**: 제한능력·착오·사기·강박에 의한 의사표시를 한 자의 대리인(법정대리인과 임의대리인)은 취소권을 행사할 수 있다. 제한능력자의 법정대리인은 제한능력자가 갖는 취소권을 대리행사 하는 것이 아니라 고유의 취소권을 가진다. 그러나 임의대리의 경우에 대리인이 행한 법률행위에 취소원인이 있으면 취소권은 본인에게 귀속되므로 임의대리인이 당연히 취소권을 행사할 수 있는 것은 아니다. 그러므로 임의대리인은 본인으로부터 취소권에 관한 대리권을 수여받은 경우에 한하여 취소할 수 있다.

② **승계인**: 제한능력·착오·사기·강박에 의한 의사표시를 한 자의 승계인(포괄승계인과 특정승계인)은 취소권을 행사할 수 있다. 승계인에는 포괄승계인과 특정승계인이 있다. 포괄승계인은 당연히 취소권을 행사할 수 있다. 그러나 특정승계인의 경우에는 취소권만의 승계는 인정되지 않으므로, 취소할 수 있는 행위에 의하여 취득한 권리의 승계가 있는 경우에만 취소권을 승계할 수 있다. 예컨대, 토지소유자가 사기를 당하여 지상권을 설정한 후에 그 토지를 양도한 경우에는 그 토지의 승계인은 지상권설정계약을 취소할 수 있다.

### (2) 취소의 상대방

> **제142조【취소의 상대방】** 취소할 수 있는 법률행위의 상대방이 확정한 경우에는 그 취소는 그 상대방에 대한 의사표시로 하여야 한다.

## 3. 일부취소

하나의 법률행위의 일부분에만 취소사유가 있다고 하더라도 그 법률행위가 가분적이거나 그 목적물의 일부가 특정될 수 있다면, 나머지 부분이라도 이를 유지하려는 당사자의 '가정적 의사'가 인정되는 경우, 그 일부만의 취소도 가능하고, 그 일부의 취소는 법률행위의 일부에 관하여 효력이 생긴다.

**판례**

1. 甲이 지능이 박약한 乙(원고)을 꾀어 돈을 빌려 주어 유흥비로 쓰게 하고 실제 준 돈의 두 배 가량을 채권최고액으로 하여 자기 처인 丙(피고) 앞으로 근저당권을 설정한 사안에서, 근저당권설정계약은 독자적으로 존재하는 것이 아니라 금전소비대차계약과 결합하여 그 전체가 경제적·사실적으로 일체로서 행하여진 것이고 더욱이 근저당권설정계약의 체결원인이 되었던 甲의 기망행위는 금전소비대차계약에도 미쳤으므로 甲의 기망을 이유로 한 乙의 근저당권설정계약취소의 의사표시는 법률행위의 일부무효 이론과 궤를 같이 하는 법률행위의 일부취소의 법리에 따라 소비대차계약을 포함한 전체에 대하여 취소의 효력이 있다(대판 1994. 9. 9, 93다31191).
2. 채권자와 연대보증인 사이의 연대보증계약이 주채무자의 기망에 의하여 체결되어 적법하게 취소되었으나, 그 보증책임이 금전채무로서 채무의 성격상 가분적이고 연대보증인에게 보증한도를 일정 금액으로 하는 보증의사가 있었으므로, 연대보증인의 연대보증계약의 취소는 그 일정 금액을 초과하는 범위 내에서만 효력이 생긴다(대판 2002. 9. 10, 2002다21509).
3. 법률행위 취소는 어떤 목적 혹은 목적물에 대한 법률행위가 존재함을 전제로 한다. 따라서 매매계약 체결 시 토지의 일정 부분을 매매 대상에서 제외시키는 특약을 한 경우, 이는 매매계약의 대상 토지를 특정하여 그 부분에 대하여는 매매계약이 체결되지 않았음을 분명히 한 것으로써 그 부분에 대한 어떠한 법률행위가 이루어진 것으로는 볼 수 없으므로, 특약만을 기망에 의한 법률행위로서 취소할 수는 없다(대판 1999. 3. 26, 98다56607).

## 4. 취소의 효과

> **제141조【취소의 효과】** 취소된 법률행위는 처음부터 무효인 것으로 본다. 다만, 제한능력자는 그 행위로 인하여 받은 이익이 현존하는 한도에서 상환할 책임이 있다.

### (1) 소급적 무효

법률행위의 취소가 있으면 그 법률행위는 처음부터 무효인 것으로 간주된다.

> **판례**
>
> 1. <u>근로계약의 무효 또는 취소를 주장할 수 있다</u> 하더라도 근로계약에 따라 그동안 행하여진 근로자의 노무 제공의 효과를 소급하여 부정하는 것은 타당하지 않으므로 이미 제공된 근로자의 노무를 기초로 형성된 취소 이전의 법률관계까지 효력을 잃는다고 보아서는 아니 되고, <u>취소의 의사표시 이후 장래에 관하여만 근로계약의 효력이 소멸된다고 보아야 한다</u>(대판 2017. 12. 22, 2013다25194·25200).
> 2. <u>취소한 법률행위는 처음부터 무효인 것으로 간주되므로 취소할 수 있는 법률행위가 일단 취소된 이상 그 후에는 취소할 수 있는 법률행위의 추인에 의하여 이미 취소되어 무효인 것으로 간주된 당초의 의사 표시를 다시 확정적으로 유효하게 할 수는 없고, 다만 무효인 법률행위의 추인의 요건과 효력으로서 추인할 수는 있다</u>(대판1997. 12. 12, 95다38240).

## (2) 부당이득반환의무의 발생

급부가 이미 행하여진 경우 부당이득반환의 법리에 의하여 그 급부가 반환되어야 한다(제741 조·제748조). 제한능력자는 그 행위로 인하여 받은 이익이 현존하는 한도에서 상환할 책임이 있다(제141조 단서).

> **판례**
>
> 1. <u>법률상 원인 없이 타인의 재산 또는 노무로 인하여 이익을 얻고</u> 이로 인하여 타인에게 손해를 가한 경우 그 이득금산정의 시기와 방법에 관하여는 법률상 특별한 제한이 없으며 그 취득한 것이 <u>금전상의 이득 인 때에는 그 금전은 이를 취득한 자가 소비하였는가의 여부를 불문하고 현존하는 것으로 추정된다</u>(대판 1987. 8. 18, 87다카768).
> 2. <u>미성년자가 신용카드발행인과 사이에 신용카드이용계약을 체결하여 신용카드거래를 하다가 취소하는 경우</u> 미성년자는 그 행위로 인하여 받은 이익이 현존하는 한도에서 상환할 책임이 있는바, 신용카드이 용계약이 취소됨에도 불구하고 신용카드회원과 해당 가맹점 사이에 체결된 개별적인 매매계약은 특별 한 사정이 없는 한 신용카드이용계약 취소와 무관하게 유효하게 존속한다 할 것이고, 신용카드발행인이 가맹점들에 대하여 그 신용카드사용대금을 지급한 것은 신용카드이용계약과는 별개로 신용카드발행인 과 가맹점 사이에 체결된 가맹점계약에 따른 것으로서 유효하므로, <u>신용카드발행인의 가맹점에 대한 신 용카드이용대금의 지급으로써 신용카드회원은 자신의 가맹점에 대한 <매매대금지급채무>를 법률상 원 인 없이 면제받는 이익을 얻었으며,</u> 이러한 이익은 금전상의 이득으로서 특별한 사정이 없는 한 현존하 는 것으로 추정된다(대판 2005. 4. 15, 2003다60297).
> 3. 무능력자의 책임을 제한하는 민법 제141조 단서는 … <u>의사능력의 흠결을 이유로 법률행위가 무효가 되 는 경우에도 유추적용</u>되어야 할 것이다(대판 2009. 1. 15, 2008다58367).

## 5. 취소할 수 있는 행위의 추인

> **제143조【추인의 방법, 효과】** ① 취소할 수 있는 법률행위는 제140조에 규정한 자가 추인할 수 있고 추인 후에는 취소하지 못한다.
> ② 전조의 규정은 전항의 경우에 준용한다.
> **제144조【추인의 요건】** ① 추인은 취소의 원인이 소멸된 후에 하여야만 효력이 있다.
> ② 제1항은 법정대리인 또는 후견인이 추인하는 경우에는 적용하지 아니한다.

### (1) 의의

취소할 수 있는 행위의 추인이란, 취소할 수 있는 법률행위를 취소하지 않겠다는 취소권자의 의사표시이다. 이는 취소권 포기의 의미가 있다.

### (2) 추인의 요건

① **추인권자**: 취소권자가 추인할 수 있다(제143조).

② 추인은 '취소의 원인이 소멸된 후'에 하여야 한다(제144조 제1항). 제한능력자는 능력자가 된 후, 착오·사기·강박에 의하여 의사표시를 한 자는 그 상태를 벗어난 후에 추인하여야 한다. 그러나 법정대리인 또는 후견인이 추인하는 경우에는 취소원인이 소멸되기 전이라도 추인할 수 있다. 피성년후견인이 아닌 제한능력자, 즉 미성년자와 피한정후견인은 능력자가 되기 전이라도 법정대리인 또는 후견인의 동의를 얻어서 추인할 수 있다(제5조·제13조).

③ 추인은 취소할 수 있는 행위임을 알고 하여야 한다.

### (3) 추인의 효과

추인이 있으면 다시는 취소할 수 없으며(제143조 제1항), 그 결과 취소할 수 있는 법률행위는 확정적으로 유효로 된다.

## 6. 법정추인

> **제145조【법정추인】** 취소할 수 있는 법률행위에 관하여 전조의 규정에 의하여 추인할 수 있는 후에 다음 각 호의 사유가 있으면 추인한 것으로 본다. 그러나 이의를 보류한 때에는 그러하지 아니하다.
> 1. 전부나 일부의 이행
> 2. 이행의 청구
> 3. 경개
> 4. 담보의 제공
> 5. 취소할 수 있는 행위로 취득한 권리의 전부나 일부의 양도
> 6. 강제집행

### (1) 의의

법정추인이란 취소할 수 있는 법률행위에 관한 일정한 사유가 있는 때에 법률상 당연히 추인하는 것으로 간주하는 것을 말한다. 법정추인은 취소권자의 추인의사의 유무를 묻지 않고 법률에 의하여 당연히 취소권을 배제하는 것이다.

### (2) 법정추인의 요건

① **법정추인의 사유의 존재**

㉠ **전부나 일부의 이행**: 취소권자가 상대방에게 이행한 경우와 상대방의 이행을 수령한 경우를 포함한다.

㉡ **이행의 청구**: 취소권자의 이행청구만을 말하며, 상대방이 이행청구한 경우는 제외된다.

㉢ **경개(更改)**: 경개는 취소할 수 있는 행위에 의해 생긴 채권 또는 채무를 소멸시키고 그에 대신하여 다른 채권이나 채무를 발생케 하는 계약이다(제500조). 취소권자가 채권자 또는 채무자로 경개계약을 체결한 경우를 모두 포함한다.

㉣ **담보의 제공**: 인적·물적 담보 모두를 포함한다. 그리고 채무자로서 담보를 제공하는 경우뿐만 아니라 채권자로서 담보의 제공을 받은 경우를 포함한다.

㉤ **취소할 수 있는 행위로 취득한 권리의 전부나 일부의 양도**: 취소권자의 양도에 한한다.

㉥ **강제집행**: 취소권자가 채권자로서 집행한 경우뿐만 아니라 채무자로서 집행을 받은 경우도 포함한다(통설).

② **취소원인의 소멸**: 이러한 법정추인사유가 '추인할 수 있는 후', 즉 '취소의 원인이 소멸된 후'에 발생하여야 한다(제145조 본문). 다만, 미성년자·피한정후견인이 법정대리인 또는 후견인의 동의를 얻어서 위와 같은 행위를 하였거나 법정대리인 또는 후견인이 스스로 그러한 행위를 한 경우에는 그것이 취소원인이 소멸되기 전에 행하여졌더라도 법정추인으로 된다(제145조 본문, 제144조 제2항).

③ **이의의 보류가 없을 것**

④ **추인(追認)의사는 불요(不要)**: 그 밖에 취소권자에게 추인의 의사가 있을 필요가 없고, 또 취소권의 존재를 인식할 필요도 없다.

### (3) 법정추인의 효과

법정추인도 추인한 것으로 간주되므로(제145조 본문), 추인의 효과와 같다. 즉, 취소할 수 있는 행위가 추인되면 이제는 취소할 수 없고 그 법률행위는 완전히 유효한 것으로 확정된다(제143조 제1항).

## 7. 취소권의 단기소멸

> **제146조【취소권의 소멸】** 취소권은 추인할 수 있는 날로부터 3년 내에, 법률행위를 한 날로부터 10년 내에 행사하여야 한다.

# 06 법률행위의 조건과 기한

## 01 조건

### 1. 조건의 의의

조건이란 법률행위의 '효력'의 발생 또는 소멸을 '장래의 불확실한 사실'의 성부(成否)에 의존케 하는 법률행위의 부관이다.

**판례**

[1] 조건을 붙이고자 하는 의사, 즉 조건의사와 그 표시가 필요하며, 조건의사가 있더라도 그것이 외부에 표시되지 않으면 법률행위의 동기에 불과할 뿐이고 그것만으로는 법률행위의 부관으로서의 조건이 되는 것은 아니다.

[2] 甲이 乙에게 丙의 횡령금 중 일부를 지급하기로 한 약정은 甲이 丙의 오빠로서 丙이 乙에 대하여 부담하는 부당이득반환 또는 손해배상채무 중 일부를 대신 변제한다는 취지이고, 그러한 약정을 하는 甲의 내심에는 丙이 처벌받지 않기를 바라는 동기 이외에 丙이 실제로 처벌을 받는 경우에는 위 약정 자체가 무효라는 조건의사까지 있었을지도 모르지만, 그것만으로는 丙의 선처를 조건으로 한 조건부 약정이 이루어졌다고 단정할 수 없고, 각서의 기재 내용과 그 작성 당시의 상황 및 상대방인 乙의 의사 등 제반 사정에 비추어 보면 위 약정 자체의 효력이 乙의 정식 고소나 丙의 처벌이라는 사실의 발생만으로 당연히 소멸된다는 의미의 조건이 쌍방의 합의에 따라 위 약정에 붙어 있다고는 볼 수 없으며, 오히려 위 각서 중 '변제하고 선처를 받기로 한다'라는 문구는 甲과 丙이 위 약정을 예정대로 이행하면 丙이 선처를 받을 수 있도록 乙이 협조한다는 취지에 불과한 것으로 보인다(대판 2003. 5. 13, 2003다10797).

### 2. 종류

#### (1) 정지조건 · 해제조건

법률행위의 효력 발생을 장래의 불확실한 사실에 의존케 하는 것이 정지조건이고, 법률행위의 효력의 소멸을 장래의 불확실한 사실에 의존케 하는 것이 해제조건이다.

**판례**

약혼예물의 수수는 약혼의 성립을 증명하고 혼인이 성립한 경우 당사자 내지 양가의 정리를 두텁게 할 목적으로 수수되는 것으로 혼인의 불성립을 해제조건으로 하는 증여와 유사한 성질을 가지므로, 예물의 수령자 측이 혼인 당초부터 성실히 혼인을 계속할 의사가 없고 그로 인하여 혼인의 파국을 초래하였다고 인정되는 등 특별한 사정이 있는 경우에는 신의칙 내지 형평의 원칙에 비추어 혼인 불성립의 경우에 준하여 예물반환 의무를 인정함이 상당하나, 그러한 특별한 사정이 없는 한 일단 부부관계가 성립하고 그 혼인이 상당 기간 지속된 이상 후일 혼인이 해소되어도 그 반환을 구할 수는 없으므로, 비록 혼인 파탄의 원인이 며느리에게 있더라도 혼인이 상당 기간 계속된 이상 약혼예물의 소유권은 며느리에게 있다(대판 1996. 5. 14, 96다5506).

## (2) 수의조건 · 비수의조건

① **수의조건(隨意條件)**: 조건의 성부가 당사자의 일방적 의사에 의존하는 조건으로서, 전적으로 당사자의 일방적 의사에 의존하는 순수수의조건(예 내 마음이 내키면 집 한 채를 주겠다)과, 결국은 당사자의 일방적 의사에 의존하지만 그 밖에 다른 사실상태의 성립도 요구하는 단순수의조건(예 내가 자동차를 한 대 더 사면 이 자동차를 주겠다)이 있다. 단순수의조건은 유효한 조건이다. 그러나 순수수의조건의 유효성에 대해서는 당사자에게 법적 구속력을 생기게 하려는 의사가 있다고 할 수 없으므로, 언제나 무효라는 견해가 종래 다수설이다.

② **비수의조건(非隨意條件)**: 조건의 성부가 당사자의 일방적 의사에만 의존하지 않는 조건을 말한다. 여기에는 당사자의 의사와 전혀 관계없이 자연적인 사실이나 제3자의 의사나 행위에 의존하는 우성조건(偶成條件)(예 내일 비가 오면)과 조건의 성부가 당사자일방의 의사뿐만 아니라 제3자의 의사에도 의존하는 혼성조건(混成條件)(예 내가 甲과 결혼하면)이 있다.

## (3) 가장조건(假裝條件)

> **제151조【불법조건, 기성조건】** ① 조건이 선량한 풍속 기디 사회질서에 위반한 것인 때에는 그 법률행위는 무효로 한다.
> ② 조건이 법률행위의 당시 이미 성취한 것인 경우에는 그 조건이 정지조건이면 조건 없는 법률행위로 하고 해제조건이면 그 법률행위는 무효로 한다.
> ③ 조건이 법률행위의 당시에 이미 성취할 수 없는 것인 경우에는 그 조건이 해제조건이면 조건 없는 법률행위로 하고 정지조건이면 그 법률행위는 무효로 한다.

① **법정조건**: 법인의 설립에서 주무관청의 허가(제32조)나 유언에서 유언자의 사망(제1073조 제1항)과 같이 법률행위의 효력을 발생하기 위하여 법률이 명문으로 요구하는 조건이다. 이러한 법정조건은 조건이 아니다. 만약 법정조건을 법률행위의 조건으로 정한 경우에는 당연한 것을 정한 것이므로 조건으로서의 의미가 없다. 다만, 법정조건에 관하여도 민법의 조건의 규정을 유추적용할 수 있다(판례).

② **불법조건**: 조건이 선량한 풍속 기타 사회질서에 위반한 경우가 불법조건이다. 불법조건이 붙은 법률행위는 불법조건만이 무효인 것이 아니고 법률행위 전부가 무효로 된다(제151조 제1항).

③ **기성조건**: 조건이 법률행위 당시에 이미 성립하고 있는 경우이다. 기성조건이 정지조건이면 조건없는 법률행위가 되고, 해제조건이면 그 법률행위는 무효이다(제151조 제2항).

④ **불능조건**: 이는 객관적으로 실현이 불가능한 사실을 내용으로 하는 조건이다. 불능조건이 정지조건이면 그 법률행위는 무효이고, 해제조건이면 조건 없는 법률행위가 된다(제151조 제3항).

## 3. 조건을 붙일 수 없는 법률행위(조건에 친하지 않은 법률행위)

### (1) 구체적인 예

① **가족법상의 행위**: 혼인·입양·인지·파양·상속의 승인 및 포기와 같은 가족법상의 행위에는 조건을 붙이지 못한다. 그러나 유언에는 조건을 붙일 수 있다(제1073조 제2항).

② **어음·수표행위**: 원칙적으로 조건을 붙이지 못한다. 그러나 어음보증에 조건을 붙이는 것은 허용된다(판례).

③ **단독행위**

단독행위에 조건을 붙이게 하면 상대방의 지위가 지나치게 불안정하게 되므로, 단독행위에는 원칙적으로 조건을 붙이지 못한다. 그러나 단독행위라도 상대방의 동의가 있으면 조건을 붙일 수 있으며, 채무면제나 유증처럼 상대방에게 이익만을 주는 경우에도 조건을 붙일 수 있다.

### (2) 효과

조건을 붙일 수 없는 법률행위에 조건을 붙인 경우의 효과에 관하여, 법률에 특별규정이 있는 경우도 있다(어음법 제12조 제1항). 법률에 규정이 있다면 그에 따른다. 그러나 그러한 규정이 없다면 일부무효의 법리가 적용된다. 따라서 원칙적으로 법률행위 전부가 무효로 된다.

## 4. 조건의 성취와 불성취

### (1) 의의

조건이 성립하는 것을 조건의 성취라고 하고, 반면에 조건이 성립하지 않는 것을 조건의 불성취라고 한다. 이에 따라 법률행위의 효력 여부가 확정된다.

**(2) 신의에 반하는 행위에 의한 조건의 성취와 불성취**

> **제150조【조건성취, 불성취에 대한 반신의행위】** ① 조건의 성취로 인하여 불이익을 받을 당사자가 신의성실에 반하여 조건의 성취를 방해한 때에는 상대방은 그 조건이 성취한 것으로 주장할 수 있다. ② 조건의 성취로 인하여 이익을 받을 당사자가 신의성실에 반하여 조건을 성취시킨 때에는 상대방은 그 조건이 성취하지 아니한 것으로 주장할 수 있다.

① **조건의 성취 또는 불성취의 주장**: 조건의 성취로 인하여 불이익을 받을 당사자가 신의성실에 반하여 조건의 성취를 방해한 때에는 상대방은 그 조건이 성취한 것으로 주장할 수 있다(제150조 제1항). 한편, 상대방이 조건성취를 주장하는 경우에 어느 시점을 표준으로 하여 조건성취가 된 것으로 다루어져야 하는지가 문제된다. 판례는 '신의성실에 반하는 행위가 없었더라면 조건이 성취되었으리라고 추산되는 시점'이라고 한다.

**판례**

1. 고의에 의한 경우만이 아니라 과실에 의한 경우에도 신의성실에 반하여 조건의 성취를 방해한 때에 해당한다(대판 1998. 12. 22, 98다42356).
2. 여기서 말하는 '조건의 성취를 방해한 때'란 사회통념상 일방 당사자의 방해행위가 없었더라면 조건이 성취되었을 것으로 볼 수 있음에도 방해행위로 인하여 조건이 성취되지 못한 정도에 이르러야 하고, 방해행위가 없었더라도 조건의 성취가능성이 현저히 낮은 경우까지 포함되는 것은 아니다(대판 2022. 12. 29, 2022다266645).

② **손해배상의 청구**: 조건의 성취와 관련하여 신의칙에 반하는 행위는 조건부 권리의 침해가 되어(제148조) 상대방은 이를 이유로 손해배상청구권을 갖는다. 따라서 상대방은 조건의 성취 또는 불성취의 주장과 손해배상청구권을 선택적으로 행사할 수 있다.


## 5. 조건부 법률행위의 효력

**(1) 조건의 성취 여부 확정 전의 효력**

> **제148조【조건부권리의 침해금지】** 조건 있는 법률행위의 당사자는 조건의 성부가 미정한 동안에 조건의 성취로 인하여 생길 상대방의 이익을 해하지 못한다.
> **제149조【조건부권리의 처분 등】** 조건의 성취가 미정한 권리의무는 일반규정에 의하여 처분, 상속, 보존 또는 담보로 할 수 있다.

**판례**

해제조건부증여로 인한 부동산소유권이전등기를 마쳤다 하더라도 그 해제조건이 성취되면 그 소유권은 증여자에게 복귀한다고 할 것이고, 이 경우 당사자 간에 별단의 의사표시가 없는 한 그 조건성취의 효과는 소급하지 아니하나, <조건성취 전에 수증자가 한 처분행위>는 조건성취의 효과를 제한하는 한도 내에서는 무효라고 할 것이고, 다만 그 조건이 등기되어 있지 않는 한 그 처분행위로 인하여 권리를 취득한 제3자에게 위 무효를 대항할 수 없다(대판 1992. 5. 22, 92다5584).

## (2) 조건의 성취 여부 확정 후의 효력

> **제147조【조건성취의 효과】** ① 정지조건 있는 법률행위는 조건이 성취한 때로부터 그 효력이 생긴다.
> ② 해제조건 있는 법률행위는 조건이 성취한 때로부터 그 효력을 잃는다.
> ③ 당사자가 조건성취의 효력을 그 성취 전에 소급하게 할 의사를 표시한 때에는 그 의사에 의한다.

**판례**

1. 어떠한 법률행위가 조건의 성취 시 법률행위의 효력이 발생하는 소위 '정지조건부 법률행위에 해당한다는 사실'은 그 법률행위로 인한 법률효과의 발생을 저지하는 사유로서 그 법률효과의 발생을 다투려는 자에게 주장·입증책임이 있다(대판 1993. 9. 28, 93다20832).
2. 정지조건부 법률행위에 있어서 조건이 성취되었다는 사실은 이에 의하여 권리를 취득하고자 하는 측에서 그 입증책임이 있다 할 것이므로, 정지조건부 채권양도에 있어서 정지조건이 성취되었다는 사실은 채권양도의 효력을 주장하는 자에게 그 입증책임이 있다(대판 1983. 4. 12, 81다카692).
3. 합의내용이 이행되지 않을 경우 합의를 무효로 하기로 한 경우, 계약당사자가 부도가 난 후 상대방에게 합의서상의 채무를 이행할 수 없다고 통고하였다면, 그 계약당사자는 그 의사표시에 의하여 합의서상의 채무가 이행될 수 없음을 명백히 한 것이니, 이로써 '합의내용이 불이행된 때'라는 조건이 성취되었다고 보는 것이 상당하다(대판 1997. 11. 11, 96다36579).

## 02 기한

## 1. 기한의 의의 및 종류

## (1) 기한의 의의

기한이란 법률행위의 '효력의 발생이나 소멸' 또는 '채무의 이행'을 '장래 발생할 것이 확실한 사실'에 의존케 하는 법률행위의 부관을 말한다.

### (2) 기한의 종류

① **시기 · 종기** : 시기(始期)란 법률행위의 효력의 발생 또는 채무이행을 장래 발생이 확실한 사실에 의존케 하는 기한이다(⑩ 내년 1월 1일부터 임대한다). 종기(終期)란 법률행위의 효력의 소멸을 장래 발생이 확실한 사실에 의존케 하는 기한이다(⑩ 내년 6월 30일까지 임대한다).

② **확정기한 · 불확정기한** : 기한이 되는 사실은 장래 발생할 것이 확실하여야 하나, 발생시기가 확정되어 있을 필요는 없다. 발생시기가 확정되어 있는 기한이 확정기한(⑩ 내년 1월 1일)이고, 발생시기가 확정되어 있지 않은 기한이 불확정기한(⑩ 甲이 사망한 때)이다.

**판례**

[1] 부관이 붙은 법률행위에 있어서 부관에 표시된 사실이 발생하지 아니하면 채무를 이행하지 아니하여도 된다고 보는 것이 상당한 경우에는 조건으로 보아야 하고, 표시된 사실이 발생한 때에는 물론이고 반대로 발생하지 아니하는 것이 확정된 때에도 그 채무를 이행하여야 한다고 보는 것이 상당한 경우에는 표시된 사실의 발생 여부가 확정되는 것을 불확정기한으로 정한 것으로 보아야 한다.

[2] 이미 부담하고 있는 채무의 변제에 관하여 일정한 사실이 부관으로 붙여진 경우에는 특별한 사정이 없는 한 그것은 변제기를 유예한 것으로서 그 사실이 발생한 때 또는 발생하지 아니하는 것으로 확정된 때에 기한이 도래한다(대판 2003. 8. 19, 2003다24215).

## 2. 기한을 붙일 수 없는 법률행위(기한에 친하지 않은 법률행위)

① 행위 당시에 즉시 효과가 발생할 것을 요하는 법률행위에는 시기를 붙일 수 없다. 혼인, 협의이혼, 입양, 파양, 상속의 승인과 포기 등 가족법상의 행위가 그 예이다.

② 어음행위는 조건을 붙이지 못하지만, 시기(지급일)를 붙이는 것은 허용된다.

③ 취소, 추인, 상계 등과 같이 소급효가 있는 법률행위는 시기를 붙이지 못한다. 시기를 붙이면 소급효가 무의미해지기 때문이다.

## 3. 기한부 법률행위의 효력

### (1) 기한 도래 전의 효력

> **제154조【기한부 권리와 준용규정】** 제148조와 제149조의 규정은 기한 있는 법률행위에 준용한다.

## (2) 기한 도래 후의 효력

> **제152조【기한 도래의 효과】** ① 시기 있는 법률행위는 기한이 도래한 때로부터 그 효력이 생긴다.
> ② 종기 있는 법률행위는 기한이 도래한 때로부터 그 효력을 잃는다.

## 4. 기한의 이익

> **제153조【기한의 이익과 그 포기】** ① 기한은 채무자의 이익을 위한 것으로 추정한다.
> ② 기한의 이익은 이를 포기할 수 있다. 그러나 상대방의 이익을 해하지 못한다.

### (1) 의의

① 기한의 이익이란 기한이 존재함으로써, 즉 기한이 도래하지 않음으로써 당사자가 받는 이익을 말한다.

② 민법은 당사자의 특약이나 법률행위의 성질상 분명하지 않으면, 기한의 이익은 채무자에게 있는 것으로 추정한다(제153조 제1항).

### (2) 기한의 이익의 포기

① 기한의 이익을 가지는 자는 그 이익을 포기할 수 있다. 그러나 상대방의 이익을 해하지 못한다(제153조 제2항). 기한의 이익의 포기는 성질상 장래를 향하여만 효력이 발생하고 소급효가 없다. 기한의 이익의 포기가 있으면 기한이 도래한다.

② 기한의 이익이 상대방에게도 있는 경우에는 당사자일방은 상대방의 손해를 배상하고 기한의 이익을 포기할 수 있다. 예컨대, 이자부소비대차의 채무자는 채권자의 손해를 배상하고 기한 전에 변제할 수 있다.

### (3) 기한의 이익의 상실

> **제388조【기한의 이익의 상실】** 채무자는 다음 각 호의 경우에는 기한의 이익을 주장하지 못한다.
> 1. 채무자가 담보를 손상, 감소 또는 멸실하게 한 때
> 2. 채무자가 담보제공의 의무를 이행하지 아니한 때

민법 제388조의 기한이익의 상실사유가 발생하면 채무자는 기한의 이익을 주장하지 못하므로, 채무자는 채권자의 기한 전의 이행청구를 거절할 수 없게 된다. 즉, 기한의 이익을 주장하지 못할 뿐 기한의 도래가 의제되는 것은 아니다.

# 07 기간

## 01 기간의 의의

기간(期間)이란 어느 시점에서 어느 시점까지의 계속된 시간을 말한다. 기간에 관한 규정은 임의규정이고, 보충규정이다. 이는 사법관계뿐만 아니라 공법관계에도 적용된다.

> **제155조【본장의 적용범위】** 기간의 계산은 법령, 재판상의 처분 또는 법률행위에 다른 정한 바가 없으면 본장의 규정에 의한다.

## 02 기간의 계산방법

### 1. 시 · 분 · 초를 단위로 하는 기간의 계산법 ➡ 자연적 계산방법

> **제156조【기간의 기산점】** 기간을 시, 분, 초로 정한 때에는 즉시로부터 기산한다.

기간을 시 · 분 · 초로 정한 때에는 즉시로부터 기산하며 기간의 만료점은 그 정하여진 시 · 분 · 초가 종료한 때이다.

### 2. 일 · 주 · 월 · 연을 단위로 하는 기간의 계산법 ➡ 역법적 계산방법

**(1) 기산점**

기간을 일 · 주 · 월 또는 연으로 정한 때에는 기간의 초일은 산입하지 아니한다(제157조 본문). 즉, 익일부터 기산한다. 그러나 기간이 오전 0시부터 시작하는 때에는 초일을 산입한다(제157조 단서). 또한 나이는 출생일을 산입하여 만(滿) 나이로 계산하고, 연수(年數)로 표시한다. 다만, 1세에 이르지 아니한 경우에는 월수(月數)로 표시할 수 있다(제158조).

### (2) 만료점

① 기간을 일·주·월 또는 연으로 정한 때에는 기간 말일의 종료로 기간이 만료한다(제159조).

② 기간을 주·월 또는 연으로 정한 때에는 역(曆)에 의하여 계산한다(제160조 제1항). 따라서 월이나 연의 일수의 장단은 문제되지 않는다.

③ 주·월 또는 연의 처음으로부터 기간을 기산하지 아니한 때에는 최후의 주, 월 또는 연에서 그 기산일에 해당한 날의 전일(前日)로 기간이 만료한다(제160조 제2항). 예컨대, 7월 15일에 앞으로 1년이라고 한 때에는 기산일은 7월 16일이 되고, 만료점은 그 다음해 7월 16일의 전일인 7월 15일 오후 12시이다.

④ 기간을 월 또는 연으로 정한 경우에 최종의 월에 해당일이 없는 때에는 그 월의 말일로 기간이 만료한다(제160조 제3항).

⑤ 기간의 말일이 '토요일 또는 공휴일'에 해당한 때에는 기간은 그 익일로 만료한다(제161조).

⑥ 일자와 시간이 모두 포함된 기간의 계산에서는 일자는 역법적 계산방법에 의하고 시간은 자연적 계산방법에 따른다. 예컨대, '5월 5일 오후 2시부터 4일과 4시간'이라고 하면, 5월 6일부터 기산하여 4일간이 만료하는 때인 5월 9일 오후 12시에서 다시 4시간 후인 5월 10일 오전 4시가 만료점이 된다.

### 03 기간의 역산방법

민법이 규정하고 있는 계산방법은 과거에 소급하여 계산하는 기간(총회 1주간 전)의 경우에도 유추적용된다(통설). 예컨대, 사원총회일이 3월 15일이라고 한다면, 14일이 기산점이 되어 그날로부터 역으로 7일을 계산한 날의 말일인 8일 오전 0시에 만료한다. 따라서 7일 중으로 총회소집 통지가 발송되어야 한다.

---

**제1절**  제척기간

---

### 1. 의의

제척기간이란 일정한 권리에 관하여 법률이 예정하는 존속기간을 말하며(통설), 그 기간 내에 권리를 행사하지 않으면 그 권리는 당연히 소멸한다.

### 2. 제척기간이 정해져 있는 권리의 행사방법

① 권리자는 어떠한 방법으로 권리를 행사해야 제척기간의 경과에 따른 권리의 소멸을 저지할 수 있는가에 대해서, 제척기간 내에 재판상의 권리행사가 있어야 권리가 보전된다는 출소기간설이 다수설이다. 즉, 제척기간을 출소기간(出訴期間)으로 본다.

② 판례의 주류적인 입장은 출소기간이 아니라는 태도이다. 즉, 징발재산정리에 관한 특별조치법 제20조의 환매권, 매도인이나 수급인에 대하여 하자담보책임을 물을 수 있는 권리 등에 관하여, 이들의 제척기간은 출소기간이 아니어서 재판상 또는 재판 외에서 행사하면 된다고 본다. 그러나 점유보호청구권의 행사기간(제204조 제3항, 제205조 제2항)은 그 기간 내에 소를 제기하여야 하는 출소기간이라고 판단하였다.

> **판례**
>
> 1. 민법상 <u>수급인의 하자담보책임에 관한 기간</u>은 <u>제척기간</u>으로서 <u>재판상 또는 재판 외의 권리행사기간</u>이며, 재판상 청구를 위한 출소기간이 아니라고 할 것이다(대판 2000. 6. 9, 2000다15371).
>
> 2. 민법 제204조 제3항과 제205조 제2항에 의하면 <u>점유를 침탈당하거나 방해를 받은 자의 침탈자 또는 방해자에 대한 청구권</u>은 그 점유를 침탈당한 날 또는 점유의 방해행위가 종료된 날로부터 <u>1년</u> 내에 행사하여야 하는 것으로 규정되어 있는데, 여기의 제척기간은 재판 외에서 권리행사를 하는 것으로 족한 기간이 아니라 반드시 그 기간 내에 소를 제기하여야 하는 이른바 <u>출소기간으로 해석함</u>이 상당하다(대판 2002. 4. 26, 2001다8097).
>
> 3. <u>하자담보에 기한 매수인의 손해배상청구권</u>은 권리의 내용·성질 및 취지에 비추어 민법 제162조 제1항의 채권 <u>소멸시효의 규정</u>이 적용되고, 민법 제582조의 <u>제척기간 규정</u>으로 인하여 소멸시효 규정의 적용이 배제된다고 볼 수 없으며, 이때 다른 특별한 사정이 없는 한 무엇보다도 <u>매수인이 매매 목적물을 인도받은 때부터 소멸시효가 진행한다고</u> 해석함이 타당하다(대판 2011. 10. 13, 2011다10266).

## 3. 소멸시효와의 차이점

### (1) 권리소멸의 시기

소멸시효는 그 기산일에 소급하여 권리소멸의 효과가 생기지만, 제척기간의 경우 기간이 경과한 때로부터 장래에 향하여 권리가 소멸한다.

### (2) 소송상의 주장 여부

제척기간의 경과로 인한 권리의 소멸은 당사자의 주장이 없더라도 당연히 직권으로 조사하여 재판에 고려해야 하는 직권조사사항이다. 이에 반해 소멸시효완성에 의한 권리의 소멸은 변론주의의 원칙상 당사자가 시효소멸을 주장해야 재판의 기초로 삼을 수 있다.

### (3) 시효중단의 적용 여부

소멸시효에는 시효중단이 있으나, 제척기간은 권리의 존속기간으로서 기간의 중단이 있을 수 없다.

### (4) 시효정지의 적용 여부

소멸시효에는 시효정지제도가 있다. 이에 비해 제척기간에는 정지제도가 없어 시효정지에 관한 규정이 제척기간에도 준용되는지에 대해 견해가 대립하고 있다. 판례는 제척기간의 성질에 비추어 기간의 중단이나 정지는 있을 수 없다고 한다.

### (5) 이익의 포기 여부

소멸시효에서는 시효이익을 포기할 수 있으나, 제척기간에는 기간의 만료로 권리 자체가 소멸하기 때문에 포기가 인정되지 않는다.

### (6) 기간의 단축 · 경감

소멸시효기간은 법률행위에 의하여 이를 단축 또는 경감할 수 있지만, 제척기간은 당사자 사이의 약정으로 자유로이 단축할 수 없다.

## 4. 소멸시효와 제척기간의 구별기준

어떤 권리를 소멸시효에 걸리게 할 것인지 아니면 제척기간으로 할 것인지는 기본적으로 입법사항이다. 통설적 견해는, 조문상에 '시효로 인하여'라는 규정이 있으면 소멸시효로 보고 그렇지 않은 것은 제척기간으로 본다. 다만, 불법행위에 의한 손해배상청구권의 행사기간인 10년(제766조 제2항)과 유류분반환청구권의 행사기간인 10년(제1117조 후단)에 대하여는 제척기간설(다수설)과 소멸시효설(판례)의 대립이 있다.

## 5. 형성권의 존속기간

형성권의 행사기간은 소멸시효기간이 아닌 제척기간이다. 이러한 형성권의 제척기간에 대해 규정이 있으면 그에 따르면 되는데, 규정이 없는 때에는 그 기간이 몇 년인가가 문제된다. 판례는 형성권의 제척기간은 별도의 규정이나 당사자 간의 약정이 없는 한 10년이라고 한다.

> **판례**
>
> **대물변제예약완결권은** 일종의 형성권으로 당사자 사이에 그 행사기간을 <u>약정한 때에는 그 기간 내에,</u> 그러한 <u>약정이 없는 때에는 그 권리가 발생한 때로부터 10년 내에 이를 행사하여야 하고,</u> 이 기간을 도과한 때에는 예약완결권은 제척기간의 경과로 인하여 소멸한다(대판 1997. 6. 27, 97다12488).

## 6. 형성권 행사로 발생한 채권의 행사기간

다수설은 형성권 행사의 결과 발생하는 채권도 그 제척기간 내에 행사하여야 한다고 본다. 판례는 형성권을 행사한 때부터 별도의 소멸시효에 걸린다고 본다.

> **판례**
>
> 징발재산정리에 관한 특별조치법 제20조 소정의 **환매권은** 일종의 형성권으로서 그 존속기간은 제척기간으로 보아야 한다. **환매권의 행사로 발생한 소유권이전등기청구권은** 위 기간 제한과는 별도로 환매권을 행사한 때로부터 일반채권과 같이 민법 제162조 제1항 소정의 10년의 소멸시효기간이 진행되는 것이지 위 제척기간 내에 이를 행사하여야 하는 것은 아니라고 보아야 할 것이다(대판 1991. 2. 22, 90다13420).

## 제2절 소멸시효의 요건

## 01 소멸시효의 대상적격

> **제162조【채권, 재산권의 소멸시효】** ① 채권은 10년간 행사하지 아니하면 소멸시효가 완성한다.
> ② 채권 및 소유권 이외의 재산권은 20년간 행사하지 아니하면 소멸시효가 완성한다.

### 1. 의의

민법상 소멸시효의 대상이 되는 권리는 '채권'과 '소유권 이외의 재산권'이다.

### 2. 채권

채권은 소멸시효에 걸린다(제162조 제1항). 채권적 청구권도 원칙적으로 소멸시효에 걸린다. 다만, 채권적 청구권인 부동산매수인의 소유권이전등기청구권과 취득시효완성자의 소유권이전등기청구권에 대해 판례는 특수한 법리를 전개한다.

**판례**

1. 부동산매수인의 소유권이전등기청구권의 소멸시효
   <u>부동산매수인이 목적부동산을 인도받아 계속 점유하는 경우</u>에는 그 소유권이전등기청구권의 소멸시효가 진행하지 않는다 … 부동산의 매수인이 그 부동산을 인도받은 이상 이를 사용·수익하다가 그 부동산에 대한 보다 적극적인 권리행사의 일환으로 <u>다른 사람에게 그 부동산을 처분하고 그 점유를 승계하여 준 경우</u>에도 이전등기청구권의 소멸시효는 마찬가지로 진행되지 않는다(대판 전합 1999. 3. 18, 98다32175).

2. 취득시효완성자의 소유권이전등기청구권의 소멸시효
   <u>토지에 대한 취득시효완성으로 인한 소유권이전등기청구권</u>은 그 토지에 대한 <u>점유가 계속되는 한 시효로 소멸하지 아니하고</u> … 그 후 취득시효가 완성된 점유자가 <u>점유를 상실한 경우 점유를 상실한 때로부터 10년간 등기청구권을 행사하지 아니하면 소멸시효가 완성한다</u>(대판 1996. 3. 8, 95다34866).

### 3. 물권

① 소유권 기타 물권에 수반하는 상린관계상의 권리(제216조 이하)도 독립하여 소멸시효에 걸리지 않는다.

② 점유권은 점유라는 사실상태에 따르는 물권이므로 성질상 소멸시효가 문제되지 않는다.

③ 용익물권 중 지역권은 소멸시효의 대상이 된다. 지상권에 대해서는 최단기간이 법률에 의해 정해져 있다는 이유로 소멸시효의 대상이 아니라는 견해와 소멸시효의 대상이 된다는 견해가 대립한다. 전세권에 대해서는 최장기간이 10년이므로 20년의 소멸시효에 걸리는 일은 없다는 견해가 유력하나 반대설도 있다.

④ 담보물권은 피담보채권이 존속하는 한 독립하여 소멸시효에 걸리지 않는다.

⑤ 소유권에 기한 물권적 청구권은 소멸시효에 걸리지 않는다(통설·판례).

판례

매매계약이 합의해제된 경우에도 매수인에게 이전되었던 소유권은 당연히 매도인에게 복귀하는 것이므로 **합의해제에 따른 매도인의 원상회복청구권은** 소유권에 기한 물권적 청구권이라고 할 것이고 이는 **소멸시효의 대상이 되지 아니한다**(대판 1982. 7. 27, 80다2968).

## 02 소멸시효의 기산점

**제166조【소멸시효의 기산점】**① 소멸시효는 권리를 행사할 수 있는 때로부터 진행한다.
② 부작위를 목적으로 하는 채권의 소멸시효는 위반행위를 한 때로부터 진행한다.

### 1. '권리를 행사할 수 있는 때'의 의미

소멸시효는 객관적으로 권리가 발생하여 그 권리를 행사할 수 있는 때로부터 진행하고, '권리를 행사할 수 있는 때'라 함은 그 권리행사에 법률상의 장애사유(예 기한미도래·조건불성취 등)가 없는 경우를 말하는 것이고, 사실상 권리의 존재나 권리행사 가능성을 알지 못하였고 알지 못함에 과실이 없다고 하여도 이러한 사유는 법률상 장애사유에 해당하지 않는다.

판례

건물에 관한 소유권이전등기청구권에 있어서 그 목적물인 건물이 완공되지 아니하여 이를 행사할 수 없었다는 사유는 법률상의 장애사유에 해당한다. 따라서 **신축중인 건물에 관한 소유권이전등기청구권의 소멸시효 기산점은 건물 완공 시이다**(대판 2007. 8. 23, 2007다28024·28031).

## 2. 각종 권리에서 소멸시효의 기산점

### (1) 확정기한부권리

확정기한부권리는 기한이 도래한 때부터 소멸시효가 진행한다.

### (2) 불확정기한부권리

불확정기한부권리의 경우 기한이 객관적으로 도래한 때부터 시효가 진행한다. 비록 권리자가 기한의 도래를 몰랐고 또 모른 데 과실이 없었어도, 소멸시효는 그 기한이 객관적으로 도래한 때부터 진행한다.

### (3) 기한을 정하지 않은 권리

기한의 정함이 없는 권리는 그 권리가 발생한 때(⑩ 채권성립 시)부터 소멸시효가 진행한다.

> **판례**
>
> 1. 공동불법행위자의 다른 공동불법행위자에 대한 구상권은 그 소멸시효에 관하여 법률에 따로 정한 바가 없으므로 일반원칙으로 돌아가 일반채권과 같이 그 소멸시효는 10년으로 완성된다고 해석함이 상당하고 그 기산점은 구상권이 발생한 시점, 즉 구상권자가 현실로 피해자에게 지급한 때라 할 것이다(대판 1994. 1. 11, 93다32958).
> 2. 계속적 물품공급계약에 기하여 발생한 외상대금채권은 특별한 사정이 없는 한 개별 거래로 인한 각 외상대금채권이 발생한 때로부터 개별적으로 소멸시효가 진행하는 것이지 거래종료일부터 외상대금채권 총액에 대하여 한꺼번에 소멸시효가 기산한다고 할 수 없는 것이다(대판 2007. 1. 25, 2006다68940).

### (4) 최고(청구) 또는 해지통고를 요하는 권리

채권자가 최고(제603조 제2항)나 해지통고(제635조)를 한 후 상당한 기간 또는 일정한 기간이 경과한 후에 현실로 권리를 행사할 수 있는 채권은 최고나 해지통고를 할 수 있는 때로부터 소정의 유예기간이 경과한 때부터 소멸시효가 진행한다.

### (5) 정지조건부 권리

조건이 성취되어야 권리행사가 가능하므로, 조건의 성취 시가 소멸시효의 기산점이다.

### (6) 할부급(割賦給)채권

① 각 분기의 할부금은 각 변제기의 도래 시로부터 소멸시효를 기산한다.
② 한 번이라도 할부금지급을 연체하면 잔금 전액을 일시에 청구해도 이의가 없다는 약정 또는 잔금 전액을 일시에 지급한다는 약정을 하는 것을 기한이익상실의 특약이라고 한다. 이때 기한이익 상실사유가 발생하면 할부급채권의 소멸시효는 언제부터 진행하는지가 문제된다.

> **판례**
>
> 1. 기한이익상실의 특약은 그 내용에 의하여 <u>일정한 사유가 발생하면 채권자의 청구 등을 요함이 없이 당연히 기한의 이익이 상실되어 이행기가 도래하는 것으로 하는 것</u>(정지조건부 기한이익상실의 특약)과 <u>일정한 사유가 발생한 후 채권자의 통지나 청구 등 채권자의 의사행위를 기다려 비로소 이행기가 도래하는 것으로 하는 것</u>(형성권적 기한이익상실의 특약)의 두 가지로 대별할 수 있다(대판 1997. 8. 29, 97다12990).
> 2. 일반적으로 기한이익상실의 특약이 채권자를 위하여 둔 것인 점에 비추어 명백히 정지조건부 기한이익상실의 특약이라고 볼 만한 특별한 사정이 없는 이상 <u>형성권적 기한이익상실의 특약으로 추정</u>하는 것이 타당하다(대판 2002. 9. 4, 2002다28340).
> 3. 채권자의 별도의 의사표시가 없더라도 바로 이행기가 도래한 것과 같은 효과를 발생케 하는 이른바 <u>정지조건부 기한이익상실의 특약</u>을 하였을 경우에는 그 특약에 정한 기한의 이익상실사유가 발생함과 동시에 기한의 이익을 상실케 하는 채권자의 의사표시가 없더라도 이행기도래의 효과가 발생하고, 채무자는 특별한 사정이 없는 한 그때부터 이행지체의 상태에 놓이게 된다(대판 1999. 7. 9, 99다15184).
> 4. <u>형성권적 기한이익상실의 특약</u>이 있는 경우에는 그 특약은 채권자의 이익을 위한 것으로서 기한이익의 상실사유가 발생하였다고 하더라도 채권자가 나머지 전액을 일시에 청구할 것인가 또는 종래대로 할부변제를 청구할 것인가를 자유로이 선택할 수 있으므로, 이와 같은 기한이익상실의 특약이 있는 할부채무에 있어서는 <u>1회의 불이행이 있더라도 각 할부금에 대해 그 각 변제기의 도래시마다 그때부터 순차로 소멸시효가 진행하고 <채권자가 특히 잔존채무 전액의 변제를 구하는 취지의 의사를 표시한 경우에 한하여> 전액에 대하여 그때부터 소멸시효가 진행한다</u>(대판 2002. 9. 4, 2002다28340).

## (7) 부작위채권

위반행위를 한 때로부터 소멸시효가 진행한다.

## (8) 선택채권

선택권을 행사할 수 있는 때로부터 소멸시효가 진행된다.

## (9) 채무불이행으로 인한 손해배상청구권

채무불이행 시로부터 소멸시효가 진행한다.

> **판례**
>
> 1. 국가배상청구권에 관한 3년의 단기소멸시효기간 기산에는 민법 제766조 제1항 외에 소멸시효의 기산점에 관한 일반규정인 민법 제166조 제1항이 적용된다. 따라서 3년의 단기소멸시효기간은 그 '<u>손해 및 가해자를 안 날</u>'에 더하여 그 '<u>권리를 행사할 수 있는 때</u>'가 도래하여야 비로소 <u>시효가 진행한다</u>(대판 2023. 2. 2, 2020다270633).
> 2. 매매로 인한 부동산소유권이전채무가 이행불능됨으로써 매수인이 매도인에 대하여 갖게 되는 손해배상채권은 그 부동산소유권의 이전채무가 이행불능된 때에 발생하는 것이고 그 계약체결일에 생기는 것은 아니므로, 위 손해배상채권의 <u>소멸시효는 계약체결일 아닌 소유권이전채무가 이행불능된 때부터 진행</u>한다(대판 1990. 11. 9, 90다카22513).
> 3. 채무불이행으로 인한 손해배상청구권의 소멸시효 기산점(＝현실적으로 손해가 발생한 때) : 소멸시효는 권리를 행사할 수 있는 때부터 진행한다. <u>채무불이행으로 인한 손해배상청구권은 현실적으로 손해가 발생한 때에 성립한다</u>(대판 2020. 6. 11, 2020다201156).

### ⑽ 불법행위에 의한 손해배상청구권

불법행위로 인한 손해배상청구권은 피해자나 그 법정대리인이 그 손해 및 가해자를 안 날로부터 3년간 이를 행사하지 아니하면 시효로 인하여 소멸한다(제766조 제1항). 불법행위를 한 날로부터 10년을 경과한 때에도 시효로 인하여 소멸한다(제766조 제2항).

### ⑾ 부당이득반환청구권

부당이득반환청구권은 그 성립과 동시에 행사할 수 있으므로 부당이득 시부터 소멸시효가 진행한다.

> **판례**
>
> 취소할 수 있는 행정처분에 불과한 때에는, 행정처분이 취소되어야만 부당이득의 반환을 구할 수 있으므로, 그 소멸시효의 기산점은 행정처분이 취소된 때이다(대판 1986. 3. 25, 85다카748). 반면 행정처분이 당연무효인 경우에는, 그로 인한 부당이득반환청구권은 그로 인하여 돈을 납부하였을 때 바로 성립하므로, 소멸시효의 기산점도 그 납부 시이다(대판 1992. 3. 31, 91다32053).

### ⑿ 동시이행의 항변권이 붙은 채권

> **판례**
>
> 1. 부동산에 대한 매매대금 채권이 소유권이전등기청구권과 동시이행의 관계에 있다고 할지라도 매도인은 매매대금의 지급기일 이후 언제라도 그 대금의 지급을 청구할 수 있는 것이며, 다만 매수인은 매도인으로부터 그 이전등기에 관한 이행의 제공을 받기까지 그 지급을 거절할 수 있는 데 지나지 아니하므로 매매대금청구권은 그 지급기일 이후 시효의 진행에 걸린다(대판 1991. 3. 22, 90다9797).
> 2. 주택임대차보호법에 따른 임대차에서 그 기간이 끝난 후 임차인이 보증금을 반환받기 위해 목적물을 점유하고 있는 경우 보증금반환채권에 대한 소멸시효는 진행하지 않는다고 보아야 한다(대판 2020. 7. 9, 2016다244224 · 244231).

## 3. 소멸시효의 기산일과 변론주의

소멸시효의 기산일은 변론주의의 적용대상이므로 당사자가 주장하는 날을 기준으로 한다.

> **판례**
>
> 소멸시효의 기산일은 채무의 소멸이라고 하는 법률효과 발생의 요건에 해당하는 소멸시효 기간 계산의 시발점으로서 소멸시효 항변의 법률요건을 구성하는 구체적인 사실에 해당하므로 이는 변론주의의 적용대상이고, 따라서 본래의 소멸시효 기산일과 당사자가 주장하는 기산일이 서로 다른 경우에는 변론주의의 원칙상 법원은 당사자가 주장하는 기산일을 기준으로 소멸시효를 계산하여야 하는데, 이는 당사자가 본래의 기산일보다 뒤의 날짜를 기산일로 하여 주장하는 경우는 물론이고 특별한 사정이 없는 한 그 반대의 경우에 있어서도 마찬가지이다(대판 1995. 8. 25, 94다35886).

## 03 소멸시효기간

### 1. 보통의 채권

보통의 채권의 소멸시효기간은 10년이다(제162조 제1항).

### 2. 단기소멸시효기간에 걸리는 채권

### (1) 3년의 단기소멸시효에 걸리는 채권

> **제163조 【3년의 단기소멸시효】** 다음 각 호의 채권은 3년간 행사하지 아니하면 소멸시효가 완성한다.
> 1. 이자, 부양료, 급료, 사용료 기타 1년 이내의 기간으로 정한 금전 또는 물건의 지급을 목적으로 한 채권
> 2. 의사, 조산사, 간호사 및 약사의 치료, 근로 및 조제에 관한 채권
> 3. 도급받은 자, 기사 기타 공사의 설계 또는 감독에 종사하는 자의 공사에 관한 채권
> 4. 변호사, 변리사, 공증인, 공인회계사 및 법무사에 대한 직무상 보관한 서류의 반환을 청구하는 채권
> 5. 변호사, 변리사, 공증인, 공인회계사 및 법무사의 직무에 관한 채권
> 6. 생산자 및 상인이 판매한 생산물 및 상품의 대가
> 7. 수공업자 및 제조자의 업무에 관한 채권

**판례**

1. 민법 제163조 제1호 소정의 이자·부양료·급료·사용료 기타 <u>1년 이내의 기간으로 정한 금전 또는 물건의 지급을 목적으로 하는 채권이라 함은 1년 이내의 정기에 지급되는 채권을 의미하는 것</u>이고 <u>변제기가 1년 이내의 채권을 말하는 것이 아니므로</u>, 1회의 변제로써 소멸되는 소비대차의 원리금채권은 물론이고 이자채권이라고 하더라도 1년 이내의 정기에 지급하기로 한 것이 아닌 이상 위 규정 소정의 3년의 단기소멸시효에 걸리는 것이 아니다(대판 1996. 9. 20, 96다25302).
2. <u>금전채무의 이행지체로 인하여 발생하는 지연손해금</u>은 그 성질이 <u>손해배상금이지 이자가 아니며</u>, 민법 제163조 제1호의 1년 이내의 기간으로 정한 채권도 아니므로 <u>3년간의 단기소멸시효의 대상이 되지 아니한다</u>(대판 1998. 11. 10, 98다42141).
3. 민법 제163조 제5호에서 정하고 있는 '변호사, 변리사, 공증인, 공인회계사 및 법무사의 직무에 관한 채권'에만 3년의 단기 소멸시효가 적용되고, <u>세무사</u>와 같이 그들의 직무와 유사한 직무를 수행하는 다른 자격사의 직무에 관한 채권에 대하여는 <u>민법 제163조 제5호가 유추적용된다고 볼 수 없다</u>(대판 2022. 8. 25, 2021다311111).
4. 민법 제163조 제2호 소정의 '<u>의사의 치료에 관한 채권</u>'에 있어서는, 특약이 없는 한 그 <u>개개의 진료가 종료될 때마다</u> 각각의 당해 진료에 필요한 비용의 이행기가 도래하여 그에 대한 <u>소멸시효가 진행된다고</u> 해석함이 상당하고, 장기간 입원 치료를 받는 경우라 하더라도 다른 특약이 없는 한 입원 치료 중에 환자에 대하여 치료비를 청구함에 아무런 장애가 없으므로 <u>퇴원 시부터 소멸시효가 진행된다고 볼 수는 없다</u>(대판 2001. 11. 9, 2001다52568).

## (2) 1년의 단기소멸시효기간에 걸리는 채권

> **제164조 【1년의 단기소멸시효】** 다음 각 호의 채권은 1년간 행사하지 아니하면 소멸시효가 완성한다.
> 1. 여관, 음식점, 대석, 오락장의 숙박료, 음식료, 대석료, 입장료, 소비물의 대가 및 체당금의 채권
> 2. 의복, 침구, 장구 기타 동산의 사용료의 채권
> 3. 노역인, 연예인의 임금 및 그에 공급한 물건의 대금채권
> 4. 학생 및 수업자의 교육, 의식 및 유숙에 관한 교주, 숙주, 교사의 채권

**판례**

1. 일정한 채권의 소멸시효기간에 관하여 이를 특별히 1년의 단기로 정하는 민법 제164조는 그 각 호에서 개별적으로 정하여진 채권의 채권자가 그 채권의 발생원인이 된 계약에 기하여 상대방에 대하여 부담하는 반대채무에 대하여는 적용되지 아니한다. 따라서 그 채권의 상대방이 그 계약에 기하여 가지는 반대채권은 원칙으로 돌아가, 다른 특별한 사정이 없는 한 민법 제162조 제1항에서 정하는 10년의 일반소멸시효기간의 적용을 받는다(대판 2013. 11. 14, 2013다65178).
2. 건설업을 하는 갑 주식회사가 공사에 투입한 인원이 공사 기간 중에 리조트의 객실과 식당을 사용한 데에 대한 사용료를 을에게 매월 말 지급하기로 약정하였는데, 숙박료와 음식료로 구성되어 있는 위 리조트 사용료 채권의 소멸시효기간이 문제 된 사안에서, … 갑 회사가 리조트 사용료를 월 단위로 지급하기로 약정하였더라도, 리조트 사용료 채권은 민법 제164조 제1호에 정한 '숙박료 및 음식료 채권'으로서 소멸시효기간은 1년이라는 이유로, 이와 달리 민법 제163조 제1호의 '사용료 기타 1년 이내의 기간으로 정한 금전의 지급을 목적으로 한 채권'으로서 소멸시효기간이 3년이라고 본 원심판결을 파기한 사례(대판 2020. 2. 13, 2019다271012).

## 3. 판결 등에 의해 확정된 채권

> **제165조 【판결 등에 의하여 확정된 채권의 소멸시효】** ① 판결에 의하여 확정된 채권은 단기의 소멸시효에 해당한 것이라도 그 소멸시효는 10년으로 한다.
> ② 파산절차에 의하여 확정된 채권 및 재판상의 화해, 조정 기타 판결과 동일한 효력이 있는 것에 의하여 확정된 채권도 전항과 같다.
> ③ 전2항의 규정은 판결확정 당시에 변제기가 도래하지 아니한 채권에 적용하지 아니한다.

여기의 '기타판결과 동일한 효력이 있는 것'에는 청구의 인낙조서(민사소송법 제220조)와 확정된 지급명령(민사소송법 제474조)이 있다.

**판례**

채권자와 주채무자 사이의 확정판결에 의하여 주채무가 확정되어 그 소멸시효기간이 10년으로 연장되었다 할지라도 그 보증채무까지 당연히 단기소멸시효의 적용이 배제되어 10년의 소멸시효기간이 적용되는 것은 아니고, 채권자와 연대보증인 사이에 있어서 연대보증채무의 소멸시효기간은 여전히 종전의 소멸시효기간에 따른다(대판 2006. 8. 24, 2004다26287·26294).

## 4. 기타 재산권의 소멸시효기간

채권 및 소유권 이외의 재산권의 소멸시효기간은 20년이다(제162조 제2항).

**판례⁺**

어떤 권리의 소멸시효기간이 얼마나 되는지에 관한 주장은 단순한 법률상의 주장에 불과하므로 변론주의의 적용대상이 되지 않고 법원이 직권으로 판단할 수 있다(대판 2008. 3. 27, 2006다70929 · 70936).

---

## 제3절 소멸시효의 중단과 정지

### 01 소멸시효의 중단

### 1. 소멸시효 중단의 의의

소멸시효의 중단이란 소멸시효가 진행하는 중간에 권리불행사라는 사실상태를 중단케 하는 권리자 또는 의무자의 일정한 행위가 있는 경우에 이미 경과한 시효기간을 소멸하게 하고, 그때부터 새로이 다시 소멸시효의 기간을 진행하게 하는 제도를 말한다.

### 2. 소멸시효의 중단사유

> **제168조【소멸시효의 중단사유】** 소멸시효는 다음 각 호의 사유로 인하여 중단된다.
> 1. 청구
> 2. 압류 또는 가압류, 가처분
> 3. 승인

**(1) 청구**

**① 재판상의 청구**

㉠ 재판상의 청구란 권리자가 원고가 되어 민사소송을 제기하는 것으로서, 이행의 소·확인의 소·형성의 소는 물론 본소·반소 나아가 재심의 소 등을 포함한다.

확정된 승소판결에는 기판력이 있으므로 승소 확정판결을 받은 당사자가 전소의 상대방을 상대로 다시 승소 확정판결의 전소와 동일한 청구의 소를 제기하는 경우, 특별한 사정이 없는 한 후소(後 訴)는 권리보호의 이익이 없어 부적법하다. 하지만 예외적으로 확정판결에 의한 채권의 소멸시효기 간인 10년의 경과가 임박한 경우에는 그 시효중단을 위한 소는 소의 이익이 있다(대판 2019. 1. 17, 2018다24349).

ⓛ 행정소송은 사권을 재판상 행사하는 것이 아니므로 시효중단사유가 되지 못한다. 다만, 과세처분의 취소 또는 무효확인을 구하는 행정소송은 조세환급을 구하는 부당이득 반환청구권의 소멸시효를 중단시키는 재판상 청구에 해당한다(판례).

ⓒ 형사소송도 시효의 중단사유가 되지 않는다. 다만, 소송촉진 등에 관한 특례법에 따른 배상명령의 신청은 민사소송상의 소제기와 동일한 효력이 있으므로 재판상 청구에 해당되어 시효가 중단된다(판례).

ⓔ 시효를 주장하는 자가 스스로 원고가 되어 소를 제기한 데에 대하여 권리자가 피고로 서 '응소하여 그 소송에서 적극적으로 권리를 주장하여 그것이 받아들여진 경우'도 재 판상의 청구에 포함된다(판례).

시효를 주장하는 자의 소 제기에 대한 응소행위가 민법상 시효중단사유로서의 재판상 청구에 준하 는 행위로 인정되려면 의무 있는 자가 제기한 소송에서 권리자가 의무 있는 자를 상대로 응소하여 야 할 것이므로, 담보가등기가 설정된 후에 그 목적부동산의 소유권을 취득한 제3취득자나 물상보 증인 등 시효를 원용할 수 있는 지위에 있으나 직접 의무를 부담하지 아니하는 자가 제기한 소송에 서의 응소행위는 권리자의 의무자에 대한 재판상 청구에 준하는 행위에 해당한다고 볼 수 없다(대 판 2007. 1. 11, 2006다33364).

ⓜ **일부청구** : 청구부분이 특정될 수 있는 경우에 있어서의 일부청구는 나머지 부분에 대 한 시효중단의 효력이 없고 나머지 부분에 관하여는 소를 제기하거나 그 청구를 확장 (청구의 변경)하는 서면을 법원에 제출한 때에 비로소 시효중단의 효력이 생긴다(판 례). 그러나 청구의 대상으로 삼은 채권 중 일부만을 청구한 경우에도 그 취지로 보아 채권전부에 관하여 판결을 구하는 것으로 해석되는 경우에는 그 동일성의 범위 내에서 그 전부에 관하여 시효중단의 효력이 발생한다(판례).

ⓗ 원인채권의 지급을 확보하기 위한 방법으로 어음이 수수된 경우에 원인채권과 어음채 권은 별개로서 채권자는 그 선택에 따라 권리를 행사할 수 있고, 원인채권에 기하여 청구를 한 것만으로는 어음채권 그 자체를 행사한 것으로 볼 수 없어 어음채권의 소멸 시효를 중단시키지 못한다(판례). 그러나 채권자가 어음채권에 기하여 청구를 하는 반 대의 경우에는 원인채권의 소멸시효를 중단시키는 효력이 있다(판례).

ⓢ 재판상의 청구가 시효중단의 효력을 발생하는 시기는 소를 제기한 때이다(민사소송법 제265조). 한편, 응소행위로 인한 시효중단의 효력은 피고가 현실적으로 권리를 행사하여 응소한 때에 발생한다(판례).

**판례⁺**

1. 채권자가 동일한 목적을 달성하기 위하여 복수의 채권을 갖고 있는 경우, 채권자로서는 그 선택에 따라 권리를 행사할 수 있되, 그 중 어느 하나의 청구를 한 것만으로는 다른 채권 그 자체를 행사한 것으로 볼 수는 없으므로, 특별한 사정이 없는 한 그 다른 채권에 대한 소멸시효 중단의 효력은 없다(대판 2011. 2. 10, 2010다81285).

2. 파면처분무효확인의 소는 보수금채권을 실현하는 수단이라는 성질을 가지고 있으므로 보수금채권자체에 관한 이행소송을 제기하지 않았다 하더라도 보수금채권에 대한 시효는 중단된다(대판 1978. 4. 11, 77다2509).

3. 파면처분에 대하여 무효확인청구의 소를 제기하였다 하더라도 이는 위 퇴직급여청구권에 대한 소멸시효 중단사유에 해당하지 않는다(대판 1990. 8. 14, 90누2024).

4. [1] 근저당권설정 약정에 의한 근저당권설정등기청구권은 그 피담보채권이 될 채권과 별개로 소멸시효에 걸린다.
   [2] 근저당권설정등기청구의 소의 제기는 그 피담보채권의 재판상의 청구에 준하는 것으로서 피담보채권에 대한 소멸시효 중단의 효력을 생기게 한다(대판 2004. 2. 13, 2002다7213).

5. 비록 대항요건을 갖추지 못하여 채무자에게 대항하지 못한다고 하더라도 채권의 양수인이 채무자를 상대로 재판상의 청구를 하였다면 이는 소멸시효 중단사유인 재판상의 청구에 해당한다고 보아야 한다(대판 2005. 11. 10, 2005다41818).

◎ 시효중단효력의 부인

> **제170조【재판상의 청구와 시효중단】** ① 재판상의 청구는 소송의 각하, 기각 또는 취하의 경우에는 시효중단의 효력이 없다.
> ② 전항의 경우에 6월 내에 재판상의 청구, 파산절차참가, 압류 또는 가압류, 가처분을 한 때에는 시효는 최초의 재판상 청구로 인하여 중단된 것으로 본다.

**판례⁺**

민법 제170조 제1항에 규정하고 있는 '재판상의 청구'란 종국판결을 받기 위한 '소의 제기'에 한정되지 않고, 권리자가 이행의 소를 대신하여 재판기관의 공권적인 법률판단을 구하는 지급명령 신청도 포함된다고 보는 것이 타당하다. 그리고 민법 제170조의 재판상 청구에 지급명령 신청이 포함되는 것으로 보는 이상 특별한 사정이 없는 한, 지급명령 신청이 각하된 경우라도 6개월 이내 다시 소를 제기한 경우라면 민법 제170조 제2항에 의하여 시효는 당초 지급명령 신청이 있었던 때에 중단되었다고 보아야 한다(대판 2011. 11. 10, 2011다54686).

② **파산절차참가**

> **제171조【파산절차참가와 시효중단】** 파산절차참가는 채권자가 이를 취소하거나 그 청구가 각하된 때에는 시효중단의 효력이 없다.

③ **지급명령**

지급명령의 신청이 있으면 시효가 중단되며, 그 시기는 지급명령신청서를 관할법원에 제출하였을 때이다.

④ **화해를 위한 소환**

> **제173조【화해를 위한 소환, 임의출석과 시효중단】** 화해를 위한 소환은 상대방이 출석하지 아니하거나 화해가 성립되지 아니한 때에는 1월 내에 소를 제기하지 아니하면 시효중단의 효력이 없다. 임의출석의 경우에 화해가 성립되지 아니한 때에도 그러하다.

⑤ **최고**

> **제174조【최고와 시효중단】** 최고는 6월 내에 재판상의 청구, 파산절차참가, 화해를 위한 소환, 임의출석, 압류 또는 가압류, 가처분을 하지 아니하면 시효중단의 효력이 없다.

**판례**

[1] 민법 제174조 규정은 채권자가 최고 후 6개월 내에 확정적으로 시효를 중단시키기 위해 취할 보완조치에 채무의 승인을 포함하고 있지는 않지만, 최고 후 6개월 내에 채무자의 승인이 있는 경우에도 위 규정을 유추적용하여 시효중단의 효력이 발생한다고 해석하는 것이 타당하다.

[2] 민법 제440조는 "주채무자에 대한 시효의 중단은 보증인에 대하여 그 효력이 있다."라고 정하고 있다. … 따라서 채권자가 주채무자에 대하여 이행을 최고한 후 주채무자가 6개월 내에 채무를 승인한 경우 최고가 주채무자에게 도달할 때 시효중단의 효력이 발생한다고 보는 이상, 그 중단의 효력은 민법 제440조에 따라 보증인에게도 미친다(대판 2022. 7. 28, 2020다46663).

## (2) 압류 · 가압류 · 가처분

> **제175조【압류, 가압류, 가처분과 시효중단】** 압류, 가압류 및 가처분은 권리자의 청구에 의하여 또는 법률의 규정에 따르지 아니함으로 인하여 취소된 때에는 시효중단의 효력이 없다.
> **제176조【압류, 가압류, 가처분과 시효중단】** 압류, 가압류 및 가처분은 시효의 이익을 받은 자에 대하여 하지 아니한 때에는 이를 그에게 통지한 후가 아니면 시효중단의 효력이 없다.

**판례**

1. 사망한 사람을 피신청인으로 한 가압류신청은 부적법하고 그 신청에 따른 가압류결정이 내려졌다고 하여도 그 결정은 당연무효로서 그 효력이 상속인에게 미치지 않으며, 이러한 당연무효의 가압류는 민법 제168조 제1호에 정한 소멸시효의 중단사유에 해당하지 않는다(대판 2006. 8. 24, 2004다26287 · 26294).

2. 부동산경매절차에서 집행력 있는 채무명의 정본을 가진 채권자가 하는 배당요구는 민법 제168조 제2호의 압류에 준하는 것으로서 배당요구에 관련된 채권에 관하여 소멸시효를 중단하는 효력이 생긴다(대판 2002. 2. 26, 2000다25484).

3. 가압류의 피보전채권에 관하여 본안의 승소판결이 확정되었다고 하더라도 가압류에 의한 시효중단의 효력이 이에 흡수되어 소멸된다고 할 수 없다(대판 2000. 4. 25, 2000다11102).

4. 임차권등기명령에 따른 임차권등기에는 민법 제168조 제2호에서 정하는 소멸시효 중단사유인 압류 또는 가압류, 가처분에 준하는 효력이 있다고 볼 수 없다(대판 2019. 5. 16, 2017다226629).

## (3) 승인

**제177조【승인과 시효중단】** 시효중단의 효력 있는 승인에는 상대방의 권리에 관한 처분의 능력이나 권한 있음을 요하지 아니한다.

**판례**

1. 검사 작성의 피의자신문조서의 피의자의 진술은 어디까지나 검사를 상대로 이루어지는 것이어서 그 진술기재 가운데 채무의 일부를 승인하는 의사가 표시되어 있다고 하더라도, 그 기재 부분만으로 곧바로 소멸시효 중단사유로서 승인의 의사표시가 있은 것으로는 볼 수 없다(대판 1999. 3. 12, 98다18124).

2. 이행인수는 채무자와 인수인 사이의 계약에 따라 인수인이 채권자에 대한 채무를 변제하기로 약정하는 것을 말한다. 이 경우 인수인은 채무자의 채무를 변제하는 등으로 면책시킬 의무를 부담하지만 채권자에 대한 관계에서 직접 이행의무를 부담하게 되는 것은 아니다. 한편 소멸시효 중단사유인 채무의 승인은 시효이익을 받을 당사자나 대리인만 할 수 있으므로 이행인수인이 채권자에 대하여 채무자의 채무를 승인하더라도 다른 특별한 사정이 없는 한 시효중단 사유가 되는 채무승인의 효력은 발생하지 않는다(대판 2016. 10. 27, 2015다239744).

3. 면책적 채무인수가 있은 경우, 인수채무의 소멸시효기간은 채무인수와 동시에 이루어진 소멸시효 중단사유, 즉 채무승인에 따라 채무인수일로부터 새로이 진행된다(대판 1999. 7. 9, 99다12376).

4. 비법인사단의 사원총회가 그 총유물에 관한 매매계약의 체결을 승인하는 결의를 하였다면, 통상 그러한 결의에는 그 매매계약의 체결에 따라 발생하는 채무의 부담과 이행을 승인하는 결의까지 포함되었다고 봄이 상당하므로, 비법인사단의 대표자가 그 채무에 대하여 소멸시효 중단의 효력이 있는 승인을 하거나 그 채무를 이행할 경우에는 특별한 사정이 없는 한 별도로 그에 대한 사원총회의 결의를 거칠 필요는 없다고 보아야 한다(대판 2009. 11. 26, 2009다64383).

5. [1] 소멸시효의 중단사유로서의 승인은 시효이익을 받을 당사자인 채무자가 그 권리의 존재를 인식하고 있다는 뜻을 표시함으로써 성립하는 것이므로 이는 소멸시효의 진행이 개시된 이후에만 가능하고 그 이전에 승인을 하더라도 시효가 중단되지는 않는다고 할 것이고, 또한 현존하지 아니하는 장래의 채권을 미리 승인하는 것은 채무자가 그 권리의 존재를 인식하고서 한 것이라고 볼 수 없어 허용되지 않는다.

[2] 진료계약을 체결하면서 "입원료 기타 제요금이 체납될 시는 병원의 법적 조치에 대하여 아무런 이의를 하지 않겠다"고 약정하였다 하더라도, 이로써 그 당시 아직 발생하지도 않은 치료비채무의 존재를 미리 승인하였다고 볼 수는 없다(대판 2001. 11. 9, 2001다52568).

## 3. 소멸시효 중단의 효력

### (1) 기본적 효력

> **제178조【중단 후에 시효진행】** ① 시효가 중단된 때에는 중단까지에 경과한 시효기간은 이를 산입하지 아니하고 중단사유가 종료한 때로부터 새로이 진행한다.
> ② 재판상의 청구로 인하여 중단한 시효는 전항의 규정에 의하여 재판이 확정된 때로부터 새로이 진행한다.

중단된 시효가 다시 기산하는 시기는 '중단사유가 종료한 때'이다. 이를 구체적으로 살펴보면 재판상 청구는 재판이 확정된 때(제178조 제2항), 압류·가압류·가처분인 경우는 절차가 종료한 때, 승인인 경우에는 승인의 통지가 상대방에게 도달한 때 등이다.

### (2) 시효중단의 인적 범위

> **제169조【시효중단의 효력】** 시효의 중단은 당사자 및 그 승계인 간에만 효력이 있다.

① 시효중단의 효력은 당사자 및 그 승계인 사이에만 미친다.

**판례**
1. 재산상 손해배상청구권을 공동상속인의 한 사람이 자기의 상속분에 관하여 행사하여 승소판결을 얻었다 하여 다른 공동상속인이 상속한 권리부분에 관하여 소멸시효중단의 효력은 없다(대판 1967. 1. 24, 66다2279).
2. 공유자의 한 사람이 공유물의 보존행위로서 제소한 경우라도 동 제소로 인한 시효중단의 효력은 재판상의 청구를 한 그 공유자에 한하여 발생하고, 다른 공유자에게는 미치지 아니한다(대판 1979. 6. 26, 79다639).

② **예외**
ㄱ 압류·가압류·가처분은 시효의 이익을 받은 자에 대하여 하지 아니한 때에는 이를 그에게 통지한 후가 아니면 시효중단의 효력이 없다(제176조).
ㄴ 요역지가 수인의 공유인 경우에 그 1인에 의한 지역권 소멸시효의 중단 또는 정지는 다른 공유자를 위하여 효력이 있다(제296조).
ㄷ 어느 연대채무자에 대한 이행청구는 다른 연대채무자에게도 효력이 있다(제416조).
ㄹ 주채무자에 대한 시효의 중단은 보증인에 대하여 그 효력이 있다(제440조).

## 02 소멸시효의 정지

> **제179조【제한능력자의 시효정지】** 소멸시효의 기간 만료 전 6개월 내에 제한능력자에게 법정대리인이 없는 경우에는 그가 능력자가 되거나 법정대리인이 취임한 때로부터 6개월 내에는 시효가 완성하지 아니한다.
>
> **제180조【재산관리자에 대한 제한능력자의 권리, 부부 사이의 권리와 시효정지】** ① 재산을 관리하는 아버지, 어머니 또는 후견인에 대한 제한능력자의 권리는 그가 능력자가 되거나 후임 법정대리인이 취임한 때로부터 6개월 내에는 소멸시효가 완성되지 아니한다.
>
> ② 부부 중 한쪽이 다른 쪽에 대하여 가지는 권리는 혼인관계가 종료된 때부터 6월 내에는 소멸시효가 완성되지 아니한다.
>
> **제181조【상속재산에 관한 권리와 시효정지】** 상속재산에 속한 권리나 상속재산에 대한 권리는 상속인의 확정, 관리인의 선임 또는 파산선고가 있는 때로부터 6월 내에는 소멸시효가 완성하지 아니한다.
>
> **제182조【천재 기타 사변과 시효정지】** 천재 기타 사변으로 인하여 소멸시효를 중단할 수 없을 때에는 그 사유가 종료한 때로부터 1월 내에는 시효가 완성하지 아니한다.

## 제4절 소멸시효의 효력

## 01 소멸시효완성의 효과

### 1. 학설

#### (1) 절대적 소멸설

소멸시효의 완성으로 당사자의 원용 없이도 권리는 당연히 소멸한다는 견해이다.

#### (2) 상대적 소멸설

소멸시효의 완성으로 권리가 당연히 소멸하지 않고, 다만 시효이익을 받을 자에게 권리의 소멸을 원용(주장)할 수 있는 권리가 생길 뿐이라는 견해이다.

### 2. 판례

#### (1) 판례의 입장

판례는 절대적 소멸설을 취하고 있다. 즉, 당사자의 원용이 없어도 시효완성의 사실로서 채무는 당연히 소멸되는 것이고, 다만 변론주의의 원칙상 소멸시효의 이익을 받을 자가 그것을 포기하지 않고 실제 소송에 있어서 권리를 주장하는 자에 대항하여 시효소멸의 이익을 받겠다는 뜻을 항변하지 않는 이상 그 의사에 반하여 재판할 수 없을 뿐이다.

## ⑵ 소멸시효의 주장을 할 수 있는 자의 범위

> **판례**
>
> 1. 소멸시효를 원용할 수 있는 사람은 권리의 소멸에 의하여 직접 이익을 받는 사람에 한정되는바, 채권담보의 목적으로 매매예약의 형식을 빌어 소유권이전청구권 보전을 위한 가등기가 경료된 부동산을 양수하여 소유권이전등기를 마친 제3자는 당해 가등기담보권의 피담보채권의 소멸에 의하여 직접 이익을 받는 자이므로, 그 가등기담보권에 의하여 담보된 채권의 채무자가 아니더라도 그 피담보채권에 관한 소멸시효를 원용할 수 있다(대판 1995. 7. 11, 95다12446).
> 2. 타인의 채무를 담보하기 위하여 자기의 물건에 담보권을 설정한 물상보증인은 그 피담보채권의 소멸에 의하여 직접 이익을 받는 관계에 있으므로 소멸시효의 완성을 주장할 수 있다(대판 2004. 1. 16, 2003다30890).
> 3. 사해행위취소소송의 상대방이 된 사해행위의 수익자는, 사해행위가 취소되면 사해행위에 의하여 얻은 이익을 상실하고 사해행위취소권을 행사하는 채권자의 채권이 소멸하면 그와 같은 이익의 상실을 면하는 지위에 있으므로, 그 채권의 소멸에 의하여 직접 이익을 받는 자에 해당하는 것으로 보아야 한다(대판 2007. 11. 29, 2007다54849).
> 4. 채권자가 채권자대위권을 행사하여 제3자에 대하여 하는 청구에 있어서, 제3채무자는 채무자가 채권자에 대하여 가지는 항변으로 대항할 수 없고, 채권의 소멸시효가 완성된 경우 이를 원용할 수 있는 자는 원칙적으로는 시효이익을 직접 받는 자뿐이고, 채권자대위소송의 제3채무자는 이를 행사할 수 없다(대판 1998. 12. 8, 97다31472).
> 5. 채무자에 대한 일반채권자는 자기의 채권을 보전하기 위하여 필요한 한도 내에서 채무자를 대위하여 소멸시효 주장을 할 수 있을 뿐 채권자의 지위에서 독자적으로 소멸시효의 주장을 할 수 없다(대판 1997. 12. 26, 97다22676).
> 6. 후순위 담보권자는 선순위 담보권의 피담보채권 소멸로 직접 이익을 받는 자에 해당하지 않아 선순위 담보권의 피담보채권에 관한 소멸시효가 완성되었다고 주장할 수 없다고 보아야 한다(대판 2021. 2. 25, 2016다232597).

## 02 소멸시효의 소급효

**제167조【소멸시효의 소급효】** 소멸시효는 그 기산일에 소급하여 효력이 생긴다.

## 03 종속된 권리에 대한 소멸시효의 효력

> **제183조【종속된 권리에 대한 소멸시효의 효력】** 주된 권리의 소멸시효가 완성한 때에는 종속된 권리에 그 효력이 미친다.

## 04 소멸시효의 이익의 포기

> **제184조【시효의 이익의 포기 기타】** ① 소멸시효의 이익은 미리 포기하지 못한다.
> ② 소멸시효는 법률행위에 의하여 이를 배제, 연장 또는 가중할 수 없으나 이를 단축 또는 경감할 수 있다.

### 1. 소멸시효완성 전의 포기

소멸시효가 완성하기 전에 미리 시효이익을 포기하는 것은 인정되지 않는다. 소멸시효의 완성을 곤란하게 하는 특약, 즉 소멸시효의 배제, 시효기간의 연장이나 가중하는 특약은 무효이다. 반면, 이를 단축 또는 경감하는 특약은 유효하다(제184조 제2항).

### 2. 소멸시효완성 후의 포기

#### (1) 의의

제184조 제1항의 반대해석상 소멸시효가 완성한 후에 시효이익을 포기하는 것은 유효하다.

#### (2) 포기의 요건

① 시효이익의 포기는 처분행위이므로 포기하는 자가 처분능력과 처분권한을 가져야 한다.

② 채권의 소멸시효가 완성된 후에 채무자가 그 기한의 유예를 요청하였다면, 그때에 소멸시효의 이익을 포기한 것으로 보아야 한다.

③ 포기가 유효하려면 포기하는 자가 시효완성의 사실을 알고 한 경우이어야 한다. 판례는 시효완성 후에 채무를 승인하거나 일부를 변제한 때에는 시효완성의 사실을 알고 그 이익을 포기한 것이라고 추정할 수 있다고 한다.

## ⑶ 포기의 효과

소멸시효이익의 포기는 상대적이며, 시효이익을 받을 자가 수인인 경우에 그중 1인이 포기하더라도 다른 사람에게는 영향을 미치지 않는다. 따라서 주채무자의 시효이익의 포기는 보증인에 대해서는 그 효력이 없다.

**판례**

1. 채무자가 소멸시효완성 후 채무를 일부 변제한 때에는 그 액수에 관하여 다툼이 없는 한 그 채무 전체를 묵시적으로 승인한 것으로 보아야 하고, 이 경우 시효완성의 사실을 알고 그 이익을 포기한 것으로 추정되므로, 소멸시효가 완성된 채무를 피담보채무로 하는 근저당권이 실행되어 채무자 소유의 부동산이 경락되고 그 대금이 배당되어 채무의 일부 변제에 충당될 때까지 채무자가 아무런 이의를 제기하지 아니하였다면, 경매절차의 진행을 채무자가 알지 못하였다는 등 다른 특별한 사정이 없는 한, 채무자는 시효완성의 사실을 알고 그 채무를 묵시적으로 승인하여 시효의 이익을 포기한 것으로 보아야 한다(대판 2001. 6. 12, 2001다3580).
2. 소멸시효완성 이후에 있은 과세처분에 기하여 세액을 납부하였다 하더라도 이를 들어 바로 소멸시효의 이익을 포기한 것으로 볼 수 없다(대판 1988. 1. 19, 87다카70).

# 2025 박문각 행정사 ①차
## 조민기 **민법총칙** 핵심요약집

**초판인쇄** | 2025. 1. 3.  **초판발행** | 2025. 1. 10.  **편저자** | 조민기
**발행인** | 박 용  **발행처** | (주)박문각출판  **등록** | 2015년 4월 29일 제2019-000137호
**주소** | 06654 서울시 서초구 효령로 283 서경 B/D 4층  **팩스** | (02)584-2927
**전화** | 교재 문의 (02)6466-7202

저자와의
협의하에
인지생략

정가 13,000원

ISBN 979-11-7262-433-0